RECUEIL

DE

CARTES GÉOGRAPHIQUES

PLANS, VUES ET MÉDAILLES

DE

L'ANCIENNE GRÈCE,

RELATIFS

AU VOYAGE DU JEUNE ANACHARSIS,

PRÉCÉDÉ

D'UNE ANALYSE CRITIQUE DES CARTES.

A PARIS,

Chez DE BURE l'aîné, Libraire de MONSIEUR Frère du Roi, de la Bibliothèque du Roi, et de l'Académie Royale des Inscriptions, hôtel Ferrand, rue Serpente, n°. 6.

M. DCC. LXXXVIII.

AVEC APPROBATION, ET PRIVILÈGE DU ROI.

TABLE
DES PLANCHES
DONT CE RECUEIL EST COMPOSE.

POUR L'INTRODUCTION.

N°. I. La Grèce et ses îles.
II. Plan du passage des Thermopyles.
III. Plan du combat de Salamine.
IV. Essai sur la bataille de Platée.

POUR LE VOYAGE.

N°. 1. Carte du Palus-Méotide et du Pont-Euxin. ⎫
2. Plan du Bosphore de Thrace.......... ⎬ CHAPITRE I.
3. L'Hellespont..................... CHAPITRE II.
4. Plan des environs d'Athènes.......... ⎫
5. L'Attique, la Mégaride et partie de l'île ⎬ CHAPITRE VI.
  d'Eubée..................... ⎭
6. Plan de l'Académie et de ses environs..... CHAPITRE VII.
7. Plan d'une Palestre grecque, d'après Vitruve. CHAPITRE VIII.
8. Plan d'Athènes.................. ⎫
9. Plan et élévation des Propylées........ ⎬ CHAPITRE XII.
10. Plan du temple de Thésée ; élévation et vue ⎭
  du Parthénon...................
11. La Phocide et la Doride............ ⎫
12. Essai sur les environs de Delphes, et vue du ⎬ CHAPITRE XXII.
  Parnasse..................... ⎭
13. Plan d'une Maison grecque, d'après Vitruve. CHAPITRE XXV.
14. La Béotie..................... CHAPITRE XXXIV.
15. La Thessalie................... CHAPITRE XXXV.
16. La Corinthie, la Sicyonie, la Phliasie et
  l'Achaïe..................... CHAPITRE XXXVII.

N°. 17. L'Élide et la Triphylie............ } CHAPITRE XXXVIII.
18. Essai sur la topographie d'Olympie.....
19. La Messénie..................... CHAPITRE XL.
20. La Laconie et l'île de Cythère........ }
21. Essai sur la topographie de Sparte et de ses } CHAPITRE XLI.
environs........................
22. L'Arcadie........................ CHAPITRE LII.
23. L'Argolide, l'Épidaurie, la Trézénie, l'Hermionide, l'île d'Égine et la Cynurie... CHAPITRE LIII.
24. Platon sur le cap Sunium, au milieu de ses disciples. *Vue*................. CHAPITRE LIX.
25. Ancien Théâtre grec............... CHAPITRE LXX.
26. Les Cyclades.................... CHAPITRE LXXVI.
27. Médailles tirées du cabinet du Roi.

ANALYSE CRITIQUE

DES

CARTES DE L'ANCIENNE GRÈCE,

DRESSÉES

POUR LE VOYAGE DU JEUNE ANACHARSIS;

PAR M. BARBIÉ DU BOCAGE.

En géographie, quand une carte est copiée ou réduite d'après une autre carte, il faut avoir la bonne foi de l'avouer ; quand elle diffère essentiellement de toutes les cartes connues, il faut en donner l'analyse critique. C'est en conséquence de ce principe, que je vais exposer le plus succinctement qu'il me sera possible, les raisons sur lesquelles je me suis fondé dans la composition des cartes de l'ancienne Grèce, qui accompagnent le voyage du jeune Anacharsis.

Je ne comprendrai point dans cette analyse, les plans particuliers, parce qu'ils pourroient faire chacun la matière d'un ou même de plusieurs mémoires. J'avouerai néanmoins que ceux des batailles de Salamine et de Platée eussent été bien imparfaits, si M. le comte de la Luzerne, actuellement ministre de la Marine, n'eût eu la bonté de me donner ses avis, et de lire ses auteurs anciens, mes dessins sous les yeux. Je dois à M. le comte de Choiseul-Gouffier, ambassadeur à la Porte, la communication de tout ce qu'il a fait lever dans ce pays, et je puis dire que les parties réduites d'après ses plans, sont les plus exactes de mes cartes. Ils sont presque tous de M. Foucherot, ingénieur des ponts et chaussées, qui m'a non-seulement confié ses dessins et journaux manuscrits, mais qui m'a encore figuré, autant bien qu'il lui a été possible, les parties de sa route qu'il n'a pas eu le temps de lever, et dont j'avois besoin. La collection géographique des Affaires-étrangères, dans laquelle feu M. le comte de Vergennes a bien voulu me permettre de fouiller, m'a fourni quantité d'autres plans de ports et d'îles, et j'ai trouvé à la Bibliothéque du Roi, sinon le voyage entier de M. l'abbé Fourmont, du moins des lambeaux, dont j'ai tiré tout ce qu'il étoit possible.

Les héritiers de feu M. d'Anville, m'ont aussi communiqué les notes de ce fameux géographe, auquel la science a tant d'obligations, et dont les erreurs mêmes sont respectables, parce qu'elles n'attestent que le défaut des connoissances à l'époque où il dressoit ses cartes. Enfin, j'ai trouvé dans quelques manuscrits géographiques de feu M. Fréret, savant connu par sa vaste érudition, des extraits raisonnés des Portulans, que j'aurai lieu de citer assez souvent. Il ne me reste plus qu'à parler d'une géographie en grec moderne, de Mélétius, archevêque d'Athènes et natif de Joannina en Epire, composée sur la fin du dernier siècle, et imprimée à Venise en 1728, en un volume in-folio. J'en ai tiré plusieurs notions pour les parties septentrionales de la Grèce; mais je n'ai pu en faire usage pour le Péloponèse, parce que les cartes de cette presqu'île étoient déja gravées, lorsque j'en eus connoissance. Je dois encore ajouter que si mes cartes sont moins imparfaites que celles qui les ont précédées, elles doivent une partie de leur mérite à l'auteur même du voyage d'Anacharsis, qui a bien voulu en discuter plusieurs points essentiels avec moi.

Je ne comprendrai point non plus dans cette analyse, la carte du Palus-Méotide et du Pont-Euxin, parce que le temps et les évènemens nous ayant amenés beaucoup de connoissances, depuis qu'elle est dressée, elle auroit eu besoin d'être refaite. Je me bornerai donc à la carte générale de la Grèce, et aux particulières de chacune de ses provinces.

Je me suis servi de toutes les observations astronomiques que j'ai pu me procurer, quand je les ai trouvées bonnes. A leur défaut j'ai fait usage des distances données par les anciens et les modernes ; mais avant tout il faut que je rende compte des élémens de mes mesures.

Dans toutes mes cartes, j'ai pris, à l'exemple de M. d'Anville, pour échelle de comparaison, les lieues communes de France de 2500 toises, parce qu'elles m'ont paru répondre assez généralement aux heures de marche employées par les voyageurs dans cette contrée. Le stade olympique que j'évalue sur mes cartes à 94 toises 5 pieds, se conclud de la longueur que M. le Roi assigne au pied grec *(a)*. Quant au stade pythique, c'est celui que M. d'Anville a déjà fait connoître ; et qu'il fixe *(b)* à la 10e. partie du mille romain, ou aux $\frac{4}{5}$ du stade olympique. Je l'ai nommé *pythique*, parce qu'il m'a paru établi principalement dans le nord de la Grèce, et que selon la remarque de Spon *(c)*, le stade qui existe encore à Delphes est plus court que celui d'Athènes. Par les mesures que l'on a de ce dernier, on voit qu'il étoit de la longueur ou à-peu-près du stade olympique. Il est vrai que Cen-

---

(a) Le Roi, ruines de la Grèce, t. 1, p. 32.
(b) D'Anville, trait. des mes. itin. p. 71.
(c) Spon, voyag. t. 2, p. 38.

sorin, en comparant *(a)* les stades qu'il appelle italique, olympique et pythique, compose celui-ci de 1000 pieds, tandis que le premier, selon lui, n'est que de 625, et le second de 600. Mais Aulu-Gelle, qui travailloit en Grèce, dit précisément *(b)* que le plus long de tous les stades est l'olympique ; d'ailleurs M. d'Anville *(c)* et avant lui Lucas Pœtus, ont déja remarqué que Censorin ne distingue ici le stade italique du stade olympique, que faute de connoître la différence des pieds qu'il emploie dans leur composition, et que 625 pieds romains, sont égaux à 600 pieds grecs olympiques. On ne sauroit donc compter sur la mesure du stade pythique de Censorin. Cependant si on prend les 1000 pieds pour celle du diaule ou stade doublé, on aura encore pour la longueur du stade pythique, 500 pieds qui sont juste les $\frac{4}{5}$ de 625 pieds romains. Quoi qu'il en soit, le stade pythique étant plus court d'$\frac{1}{5}$ que le stade olympique, il revient à 75 toises, 5 pieds, 2 pouces, 4 lignes et $\frac{4}{5}$ de ligne de notre mesure, ou à 76 toises de compte rond, comme l'a évalué M. d'Anville *(d)*.

Je me suis servi quelquefois d'un stade encore plus court. C'est celui que M. d'Anville appelle Macédonien ou Égyptien *(e)*, et qu'il évalue en plusieurs endroits depuis 50 toises jusqu'à 54 et même plus.

La projection de la carte générale est dressée dans l'hypothèse de la terre aplatie, ou du moins la diminution des degrés de longitude est calculée d'après la table qui se trouve à la fin des supplémens pour l'astronomie de

---

(a) Censor. de die nat. cap. 13.
(b) Aul. Gell. nocr. att. lib. 1, cap. 1.
(c) D'Anville, trait. des mes. itin. p. 14 et 70.
(d) Id. ibid. p. 71.
(e) Id. éclaircis. geogr. sur l'anc. Gaule p. 162 ; trait. des mes. itin. p. 93.

M. de la Lande *(a)*; car la différence de cette hypothèse à celle de la terre sphérique, est presque insensible sur l'échelle que j'ai choisie. Les méridiens étant droits sur ma carte, leur intervalle a été fixé sur les tangentes des parallèles 36 et 40, et j'ai toujours compté le degré de latitude pour 57000 toises de compte rond, comme l'évalue la table de M. Schulze *(b)* à la hauteur de 39 degrés. Il est inutile de dire que la courbure des parallèles a été conclue et tracée d'après la différence de la sécante au rayon sur chaque méridien; mais il sera bon de prévenir que si ces mêmes parallèles sont droits sur les cartes particulières, c'est qu'autrement il auroit été difficile d'y tracer en tout sens les rayons dont il sera question par la suite, et que d'ailleurs la courbure ne se seroit presque pas fait sentir. Je n'ai pas non plus marqué la longitude sur ces cartes particulières, parce que n'ayant aucune observation dans ce sens, dans toute l'étendue de ce qu'elles représentent, il falloit du moins atteindre Salonique, pour les y assujettir.

La carte générale, au contraire, est appuyée sur plusieurs observations de longitude et de latitude. La position de Constantinople, autrefois Byzance, est prise de la connoissance des temps pour 1788; celles de Salonique, autrefois Therme, dans le fond du golfe Thermaïque en Macédoine, Smyrne sur la côte d'Asie, et Candie et la Canée dans l'île de Crète, ont été observées en longitude et en latitude, par le P. Feuillée. M. de Chazelles a donné la latitude de Rhodes; et des navigateurs m'ont fourni la hauteur de quelques îles de l'Archipel.

(a) De la Lande, astronom. t. 4, p. 770 et suiv.   *(b)* Id. ibid. p. 777 et suiv.

x   ANALYSE

Je n'ai pu faire usage de l'observation du P. Feuillée à Milo, parce qu'elle m'a paru fautive. M. d'Anville l'avoit déja jugée telle, puisque la longitude qu'il donne à cette île, dans ses cartes, diffère d'environ 20 minutes de la détermination du P. Feuillée. La longitude dans laquelle Mélos se trouve sur ma carte, est presque la même que celle de M. d'Anville.

Les cartes particulières ont pour base, 1°. les observations de latitude, faites par Vernon, à Athènes, Négrepont, ou Chalcis en Eubée, et Sparte ; 2°. deux observations de latitude faites par M. de Chazelles, et que m'ont fournies les papiers de M. Fréret ; la première dans le port de l'île de Zante, ou Zacynthe, la seconde au sud du cap Matapan, ou Ténare, directement à l'ouest de la pointe la plus méridionale de l'île de Cythère ; 3°. la latitude de Volo, autrefois Pagase, au fond du golfe Pagasétique en Thessalie, donnée par Dapper, quoique je ne sache d'où il l'a tirée ; 4°. celle de Corfou, d'après les tables de Riccioli et de Pimentel ; 5°. celle de Durazzo, ou Epidamne en Illyrie, selon la table de Philippe Lansberge, et 6°. enfin la longitude et la latitude de Salonique, qui m'a servi à déterminer la longitude de toute la Grèce dans la carte générale.

Athènes, d'où je suis parti pour toutes mes cartes particulières, a été observée en latitude par Vernon (a), à 38 degrés, 5 minutes. M. d'Anville cite (b) une autre observation qui fixeroit cette ville à 38 degrés, 4 minutes seulement ; mais ne l'ayant point trouvée parmi ses papiers, je m'en suis tenu à celle de Vernon.

(a) Journal de Vernon, à la suite de la réponse de Spon, à la critique de Guillet, p. 302.

(b) D'Anville, anal. des côtes de la Grèce, p. 14.

A la position d'Athènes, j'ai assujetti le plan de la baie et de l'île Coulouri, levé en 1781, par M. Foucherot, et que j'ai copié exactement dans mon plan du combat de Salamine. J'ai encore assujetti à la même position, une carte manuscrite du golfe d'Engia, levée par M. le marquis de Chabert, en 1776. Cette carte m'a donné la figure de toutes les îles de la mer Saronique, la pointe du cap Scyllæum, celle du cap Sunium, et la position même de l'Acro-corinthe. Le rayon que M. de Chabert a tiré du sommet du pic d'Égine, sur le cap Sunium, ne s'accorde pas, à la vérité, avec celui que Wheler a tiré *(a)* du Sunium sur le même pic ; mais aussi, la position de l'Acro-corinthe est plus méridionale, sur cette carte, que celle d'Athènes, de 4150 toises environ, ou d'un peu plus de 4 minutes de latitude, précisément comme je l'avois trouvée, en 1782. C'étoit la combinaison seule des rayons tirés par Wheler, de l'Acro-corinthe sur Athènes et sur le mont Hymette *(b)*, et du mont Hymette sur l'Acro-corinthe *(c)*, qui m'avoit donné cette position ; car alors je ne connoissois pas la carte de M. de Chabert. Corinthe ne peut donc être par 38 degrés, 14 minutes, comme l'a observée Vernon *(d)* ; elle descendra, au contraire, à 38 degrés, 1 minute, 30 secondes environ, comme elle se trouve dans mes cartes.

Corinthe ainsi fixée, j'ai assujetti à sa position une carte de l'isthme, levée géométriquement par les Vénitiens, en 1697, et que Bellin a fait graver dans sa description du golfe de Venise et de la Morée *(e)*. Cette carte, levée avec soin, m'a donné lieu de placer, assez exactement, le cap Olmies, quoiqu'il ne s'y trouve pas. Wheler a relevé

(a) Whel. a journ. book 6, p. 449.
(b) Id. ibid. p. 443.
(c) Id. ibid. p. 410.
(d) Journal de Vernon, p. 302.
(e) Bellin, descript. du golfe de Ven. pl. 48. p. 230.

ce cap, de l'Acro-corinthe *(a)*, dans l'aire de vent nord-nord-est, et Tite-Live dit *(b)* qu'un temple de Junon-acréenne, bâti sur ce cap, est tout au plus à 7 milles romains de distance de Corinthe.

Entre Corinthe et Argos, les anciens comptoient 200 stades, au rapport de Strabon *(c)*; et aujourd'hui on met 8 à 9 heures par le plus court chemin *(d)*, pour se rendre de Corinthe à Napoli de Romanie, ou Nauplia, qui est un peu plus loin qu'Argos. Dans mes cartes, on mesure en droite ligne 180 stades olympiques de Corinthe à Argos, et environ 7 heures un tiers de 2500 toises chacune, entre Corinthe et Nauplia.

Argos a toujours été placée assez directement au midi de Corinthe; néanmoins la situation de la côte méridionale de l'Argolide, et en particulier la position de l'île d'Hydrea, m'a forcé de la faire beaucoup plus occidentale. La citadelle d'Argos, Nauplia ou Napoli, et Tirynthe, aujourd'hui le vieux Napoli, sont placées d'après les rayons tirés sur ces lieux, par M. Foucherot, de deux stations différentes; d'abord au sortir d'un défilé, qui est près de Mycènes, et ensuite de la ville même d'Argos. De ce dernier point, M. Foucherot a aussi tiré un rayon sur la partie de la côte de la Laconie, qui s'avance le plus à l'est, et cette côte ne peut aller au-delà. Tous ces relèvemens ont été faits selon le nord de la boussole; mais je les ai rétablis dans le nord du monde, en faisant la variation de l'aiguille de 13 degrés, 15 minutes, vers le nord-ouest, comme M. de Chabert l'a trouvée dans ces parages en 1776.

(a) Whel. a journ. book 6, p. 443.
(b) Liv. lib. 32, cap. 23.
(c) Strab. lib. 8, p. 377.
(d) Pockoc. voyag. t. 3, p. 175. Foucherot, voyag. manuscr.

DES CARTES. xiij

A la position de Nauplia ou Napoli, j'ai assujetti deux cartes manuscrites, levées en 1735, par feu M. Verguin, ingénieur attaché à la marine. Elles m'ont fourni la côte et les îles de l'Argolide, depuis les confins de la Laconie jusqu'au cap Acra. Je ne dirai rien du mérite de ces cartes; je me contenterai de renvoyer à M. d'Anville *(a)*, qui n'en a fait usage qu'après avoir reconnu leur exactitude. Du cap Acra et des îles Tiparenus et Aristera, aujourd'hui les îles de l'Espéci et l'Espéci-poulo, des rayons tirés sur les lieux voisins, m'ont donné les positions du mont Buporthmos et des îles Aperopia et Hydrea. Ces relèvemens que j'ai trouvés parmi les papiers de M. Fréret, m'ont paru être de M. Verguin, et c'est ce qui me les a fait employer avec confiance. Du reste, la figure de ces mêmes îles, ainsi que celle de la côte opposée jusqu'au Scyllæum, sont prises d'une autre carte manuscrite dressée par le pilote Vidal en 1735, et comparée à ce que Desmouceaux rapporte *(b)* de cette côte.

Hermione, aujourd'hui Castri, est encore fixée d'après sa distance de Trézène, ou Damala. M. Fourmont dit *(c)* avoir employé quatre ou cinq heures pour se rendre d'un de ces lieux à l'autre. L'île d'Hydrea est aussi fixée par le relèvement qu'en a fait Tournefort *(d)*, de sa station dans l'île de Zéa, autrefois Céos; et cette dernière est placée d'après sa distance du cap Sunium, et d'après les rayons tirés par Wheler de ce cap *(e)*, et qui s'étendent jusqu'à l'Anti-milo.

En partant d'Argos, Pline m'a donné lieu de détermi-

(a) D'Anville, anal. des côtes de la Grèce, p. 18.
(b) Extrait du voyag. de Desmouceaux, à la suite du voyag. de Corn. Le Bruyn, t. 5, p. 466.
(c) Fourmont, voyag. manuscr. de l'Argolide.
(d) Tournef. voyag. t. 1. p. 341.
(e) Whel. a journ. book 6, p. 449.

ner la largeur du Péloponèse. Il dit *(a)* que d'Argos à Olympie, il y a 68 milles romains en traversant l'Arcadie. Je les ai employés en droite ligne, parce qu'après les avoir comparés avec la route qui passe par Mégalopolis, j'ai vu que cette dernière s'écartoit peu de la ligne droite, et que néanmoins elle donnoit infiniment plus de distance. En effet, la table de Peutinger marque *(b)* 12 milles d'Olympie à Melænæ, 22 de Melænæ à Mégalopolis, et 20 de là à Tégée; du moins c'est ainsi que je crois qu'il faut lire la table. De Tégée à Argos la distance manque; mais il est facile de la suppléer par la route des voyageurs. M. Foucherot compte *(c)* 10 heures de marche entre Napoli de Romanie et Tripolizza, et l'on sait que cette dernière ville est près de Tégée, puisque celle-ci porte encore le nom de Palæo-Tripolizza, ou de vieux Tripolizza. On peut donc compter 87 ou 88 milles romains d'Olympie à Argos ou à Nauplia, en passant par Mégalopolis; ainsi la réduction à 68, en droite ligne, sera encore très forte.

Tripolizza est actuellement la capitale de la Morée, ou du Péloponèse, et la demeure d'un Pacha, ou Mouhasil, qui gouverne tout le pays; mais Léondari n'est pas l'ancienne Mégalopolis, comme M. l'abbé Fourmont l'a fait croire jusqu'à cette heure *(d)*. Léondari est bâtie sur la croupe du mont Taygète, et Mégalopolis étoit dans la plaine au delà de l'Alphée. Je croirois donc que cette dernière ville est aujourd'hui le lieu appelé Sinano, que M. l'abbé Fourmont prend, mal à propos *(e)*, pour l'ancienne

---

(a) Plin. lib. 4, cap. 6, t. 1, p. 196.
(b) Peuting. tab. segm. 7, edit. Scheyb. Vindob. 1753, in-fol.
(c) Foucherot, voyag. manusc.
(d) Fourmont, lettr. manuscr. à la Bibl. du Roi.
(e) Fourmont, ibid.

Mantinée, et dans la vaste enceinte duquel il dit *(a)* qu'il existe beaucoup de ruines. Léondari sera l'ancienne Leuctres dont il est question dans Xénophon *(b)*, et qui fermoit une des entrées de la Laconie. Olympie subsiste dans un petit lieu appelé aujourd'hui Miraca. Chandler et M. Foucherot *(c)* y ont trouvé peu de ruines ; mais M. Fauvel qui accompagnoit d'abord M. Foucherot, a été plus heureux dans un second voyage qu'il y a fait en 1787, par ordre de M. le comte de Choiseul-Gouffier. Il a retrouvé l'hippodrome, le stade, le théâtre et le temple de Jupiter ; en sorte que l'on aura dans peu la mesure exacte de tous ces monumens.

Cependant pour placer Olympie sur mes cartes, sa distance d'Argos ne suffisoit pas ; il falloit encore avoir sa latitude. Elle est conclue de celle de Zante, ou Zacynthe, dans l'île de même nom, observée, comme je l'ai dit, par M. de Chazelles. Cette observation faite dans le port, directement à l'est du château *(d)*, fixe la hauteur de Zante à 37 degrés, 46 minutes, 32 secondes.

La rade de Zante, depuis la ville jusqu'au cap Basilico, le plus oriental de l'île, a été réduite d'un plan levé par M. Verguin ; et des navigateurs habiles, au rapport de Bellin *(e)*, en passant entre ce cap et celui de Tornésé, autrefois Chélonitès, dans le continent, ont relevé le premier au sud-ouest, et le second au nord-est. La distance entre ces deux caps est différente, selon différens voyageurs. Je l'ai faite de 10 milles d'Italie juste, avec Teixeira *(f)*.

(a) Mém. de l'Acad. des Bell. Lettr. t. 7, p. 356.
(b) Xenoph. hist. Græc. lib. 6, p. 607.
(c) Chandl. trav. in Greece, chap. 76, p. 294. Foucherot, voyag. manuscr.

(d) Note manuscr. de M. Fréret.
(e) Bellin, descript. du golfe de Ven. p. 171.
(f) Teixeira, viage, p. 208, en Amberes, 1610, in-8°.

Du cap Chélonitès, Strabon dit *(a)* que l'on comptoit 280 stades jusqu'à l'embouchure de l'Alphée. Les portulans par plusieurs aires de vent, donnent lieu de conclure en général le sud-est-quart-sud. J'ai donc placé les bouches de l'Alphée dans cette direction à l'égard du Chélonitès ; seulement je n'ai admis, dans mes cartes, qu'environ 225 stades olympiques en droite ligne, entre ces deux points, parce que la côte fait de grands golfes et une grande saillie dans cet espace. D'ailleurs, Chandler et M. Foucherot, qui ont fait la route, par terre, de Pyrgo près des embouchures de l'Alphée à Chiarenza, autrefois Cyllène, peu loin du cap Chélonitès, ne donnent pas lieu de compter *(b)* plus de 9 heures de marche, d'un de ces lieux à l'autre.

Des embouchures de l'Alphée, pour remonter à Olympie, j'ai suivi un petit dessin que M. Foucherot m'a tracé de sa route, et qui se trouve d'accord avec les 120 stades que Pausanias compte *(c)* d'Olympie à Létrins. Ce dernier lieu étoit à l'embouchure même de l'Alphée, ainsi il faut corriger Strabon, qui ne met *(d)* que 80 stades entre les bouches de ce fleuve et Olympie.

En reprenant du cap Basilico dans l'île de Zante, ainsi que du Chélonitès, la plupart des portulans, Levanto *(e)* et plusieurs cartes, s'accordent à marquer le sud-sud-est jusqu'à Prodano, autrefois l'île Proté, sur les côtes de Messénie. C'est dans ce rayon juste à l'égard du cap le plus oriental de Zante, que cette île est placée dans mes cartes ; néanmoins pour la distance, je n'ai suivi que celle

---

(a) Strab. lib. 8, p. 343.
(b) Chandl. trav. in Greece, chap. 73, p. 284. Foucherot, voyag. manuscr.
(c) Pausan. lib. 6, cap. 22, p. 510.
(d) Strab. ibid.
(e) Levanto, specchio del mare, p. 106.

du portulan de la Romagne, qui marque 50 milles d'Italie, parce que c'est la seule qui ait pu soutenir la comparaison des distances prises par terre. Les autres sont ou trop fortes ou trop foibles.

De Proté à Pylos de Messénie, aujourd'hui le vieux Navarins ou Zonchio, trois portulans marquent 10 milles. Ces milles sont des milles grecs; en conséquence ils sont réduits sur mes cartes à 6 milles ⅔ d'Italie. L'air de vent est l'est-sud-est.

A la position de Pylos, sont ensuite assujetties deux cartes manuscrites de M. Verguin, dont M. d'Anville s'est aussi servies *(a)*. Je ne pouvois rien suivre de plus exact que ces cartes; elles m'ont conduit jusqu'au cap Gallo, autrefois Acritas, à l'entrée du golfe de Messénie. De là il m'a été facile de remonter jusqu'à Coroné, aujourd'hui Coron. Cette ville est à plus de 160 stades du cap Acritas, selon Pausanias *(b)*; et les voyageurs *(c)* comptent, par terre, de Modon, autrefois Mothoné, à Coron, 6 heures de marche, ou 18 milles d'Italie.

De Coron, des navigateurs, suivant Bellin *(d)*, ont relevé le cap Gros, autrefois Thyrides en Laconie, au sud-est cinq degrés sud. La variation m'a paru corrigée dans ce rayon. Ce cap n'est pas éloigné du Ténare, aujourd'hui cap Matapan. Pausanias ne compte *(e)* entre deux que 70 stades, et Bellin dit *(f)* que du cap Gallo ou Acritas, il y a 30 milles ou 10 lieues marines à l'est-sud-est jusqu'au Matapan. Cette mesure qui est celle de l'ouverture du golfe de Messénie, est beaucoup plus grande

---

(a) D'Anville, anal. des côtes de la Grèce, p. 20.
(b) Pausan. lib. 4, cap. 34. p. 365 et 367.
(c) Breydenbach, peregr. terr. sanct. p. 31, Mogunt. 1486. in-fol. Pellegrin. voyag. de la

Morée, p. 7. Fanciero, voyag. manuscr.
(d) Bellin, descript. du golfe de Ven. p. 202.
(e) Pausan. lib. 3, cap. 25, p. 276.
(f) Bellin, ibid. p. 200.

selon les portulans; Pline néanmoins la fait plus petite *(a)*; c'est pourquoi je m'en suis tenu à celle de Bellin, en l'employant en droite ligne dans mes cartes.

Du Ténare il ne m'a pas été difficile de gagner le Malée. M. Verguin étant sur ce dernier cap, a relevé le premier de deux stations différentes, et la réunion de ses rayons a fixé le cap Ténare à l'égard du cap Malée. En prenant les rayons opposés, j'ai fixé le Malée d'après le Ténare. Tous les environs du premier sont réduits d'une carte manuscrite du même M. Verguin. Elle m'a donné la côte depuis le cap Malée même, aujourd'hui cap Saint-Ange, jusques et compris l'île Cervi, ainsi que celle du nord de Cérigo ou Cythère. A cette carte s'en est jointe une autre du mouillage Saint-Nicolas, autrefois le port Phénicien dans la même île de Cythère. Le reste de cette île est pris de Coronelli *(b)*, dont le rapport a été comparé à quelques autres morceaux. L'île Cervi n'étoit autrefois qu'une presqu'île dont la pointe méridionale s'appeloit Onu-gnathos, ou mâchoire d'âne.

Dans l'intérieur du Péloponèse, Lacédémone ou Sparte est placée d'après sa distance de Mégalopolis. Pausanias dit *(c)* que de Sparte à Olympie, il y a 660 stades, et Tite-Live nous apprend *(d)* que la route passoit par Mégalopolis. On a vu que la table de Peutinger compte, en deux distances, 34 milles romains d'Olympie à Mégalopolis. Ces 34 milles font 272 stades olympiques. En ôtant ce nombre de celui de 660, il reste 388 stades pour la distance de Mégalopolis à Sparte. On en trouve 330 en droite ligne dans mes cartes, et Sparte y est placée par

---

(a) Plin. lib. 4, cap. 5, t. 1, p. 193.
(b) Coronelli, descript. de la Morée, p. 82, Paris, 1687, in-fol.
(c) Pausan. lib. 6, cap. 16, p. 492.
(d) Liv. lib. 45, cap. 28.

37 degrés, 10 minutes de latitude, comme l'a observé Vernon *(a)*.

Il n'en a pas été de même de Coron ; je n'ai pu porter cette ville à la hauteur observée par Vernon *(b)*. Néanmoins la partie méridionale du Péloponèse est appuyée, dans mes cartes, comme je l'ai dit, sur une observation de latitude faite en mer par M. de Chazelles, au sud du cap Ténare ou Matapan, et directement à l'ouest de la pointe la plus méridionale de l'île de Cythère *(c)*. Cette observation fixe la pointe de Cérigo à 36 degrés 10 minutes.

Dans la partie septentrionale du Péloponèse, la position de Dymé en Achaïe, est déterminée par sa distance d'Olympie. Pour aller d'Olympie à Élis, il y avoit deux chemins, l'un par la plaine, de 300 stades de longueur *(d)*, et l'autre plus court par la montagne. Sur celui-ci on comptoit 12 milles, ou 96 stades, d'Olympie à Pylos, voisin d'Élis *(e)*, et 70 ou 80 stades de Pylos à Élis même *(f)*. Au total 166 ou 176 stades d'Olympie à Élis. De cette dernière ville pour aller en Achaïe, Pausanias compte encore *(g)* 157 stades jusqu'au passage du fleuve Larissus, et il ajoute *(h)*, que de ce fleuve à Dymé, il y a environ 400 stades. Toutes ces distances me paroissent exactes, à l'exception de la dernière, qui ne peut cadrer avec les mesures prises par mer. Paulmier s'est bien apperçu *(i)* qu'il devoit y avoir une erreur dans ce nom-

---

(a) Journal de Vernon, p. 302.
(b) Id. ibid.
(c) Note manuscr. de M. Fréret.
(d) Strab. lib. 8, p. 367. Pausan. lib. 6, cap. 22, p. 510.
(e) Plin. lib. 4, cap. 5, t. 1, p. 193.

(f) Diod. Sic. lib. 14, p. 248. Pausan. ibid. p. 509.
(g) Pausan. ibid. cap. 26, p. 520.
(h) Id. lib. 7, cap. 17, p. 564.
(i) Palmer. exercit. p. 412.

bre de 400 stades ; mais il ne l'a point corrigée. Je proposerai de substituer dans le grec, la lettre numérale qui désigne 40, à celle de 400 ; et alors on aura 363 ou 373 stades d'Olympie à Dymé. Mes cartes en donnent plus de 320 en droite ligne.

Je ne pouvois placer Dymé à une plus grande distance d'Olympie ; Dymé n'étoit qu'à 60 stades du cap Araxe, selon Strabon *(a)*, et le portulan Vénitien ne compte que 18 milles, en droite ligne, de ce cap au Chelonitès qui est déja fixé.

M. Verguin a levé le plan d'un mouillage situé à l'est du cap Araxe, aujourd'hui le cap Papa, et qui s'étend jusqu'à Dymé. De ce mouillage, la ville de Patras, autrefois Patræ, a été observée, suivant Bellin *(b)*, à l'est-quart-nord-est. La variation m'a paru corrigée dans ce rayon ; et la distance de Dymé à Patræ, est de 120 stades, selon plusieurs auteurs anciens *(c)*. Du cap Araxe à Patræ il y a donc 180 stades ; on en mesure sur mes cartes, 164 ou 165 en droite ligne.

Patræ est encore fixée par sa distance de l'isthme de Corinthe. Elle est de 720 stades, selon Agathemère *(d)*, et on ne peut la soupçonner d'erreur, car Pline en fait compter autant. Ce dernier dit *(e)*, que la longueur du golfe de Corinthe, ou de la mer de Crissa, jusqu'à l'isthme, est de 85 milles, et il ajoute *(f)*, que du promontoire Rhium, il y a 5 milles jusqu'à Patræ ; en tout 90 milles, qui font juste 720 stades. Cette mesure s'accorde même assez bien avec quelques distances particu-

---

(a) Strab. lib. 8, p. 337.
(b) Bellin, descript. du golfe de Ven. p. 186.
(c) Apollod. in Steph. fragm. voc. Δύμη. Strab. ibid. p. 886. Pausan. lib. 7, cap. 18, p. 567.
et 568. Peuting. tab. segm. 7.
(d) Agathem. lib. 1, cap. 4, p. 10, ap. geogr. min. Græc. t. 2.
(e) Plin. lib. 4, cap. 4, t. 1, p. 192.
(f) Id. ibid. cap 5, p. 192.

lières données sur la côte de l'Achaïe, par Pausanias et la table de Peutinger *(a)*. On trouve sur mes cartes 665 stades en droite ligne, entre la partie de l'isthme sur la mer de Crissa, où vient aboutir une muraille, et la position de Patræ. La réduction de la mesure itinéraire à une ligne droite, paroîtra peut-être un peu foible; mais on n'en sera point surpris, si l'on fait attention que la côte est presque droite, et qu'elle ne fait d'autre coude que celui du cap de Sicyone. Ce cap a été relevé par Wheler *(b)* de l'Acro-corinthe dans l'air de vent nord-ouest-quart-nord, et de ce cap les portulans Grec et Vénitien marquent l'ouest-quart-sud-ouest, et même l'ouest-sud-ouest jusqu'à Patras.

En face de Patras est l'île de Céfalonie, autrefois Céphallénie, qui n'est éloignée que de 80 stades du cap Chelonitès dans le Péloponèse, selon Strabon *(c)*, et de 60 de l'île de Zante. Sa figure est prise d'une carte Vénitienne, la même dont M. d'Anville s'est servie *(d)*. Cette carte qui m'a paru dressée avec soin, m'a encore fourni une partie de l'île d'Ithaque, aujourd'hui Teaki; et les ports situés dans le nord de cette dernière île, sont réduits d'un plan levé par M. Verguin.

De Céphallénie, Strabon compte encore *(e)* 50 stades jusqu'à Leucade; mais cette distance est fautive, car les marins ne mettent pas moins de 3 lieues marines, ou 9 milles d'Italie, entre ces deux îles *(f)*. C'est aussi ce que j'ai employé dans ma carte, en suivant l'air de vent indi-

---

(a) Pausan. lib. 7, passim. Peuting. tab. segm. 7.
(b) Whel. a journ. book 6, p. 442.
(c) Strab. lib. 10, p. 456 et 458.
(d) D'Anville, anal. des côtes de la Grèce,
p. 10 et 21.
(e) Strab. ibid. p. 456.
(f) Coronelli, descript. de la Morée, p. 65. Bellin, descript. du golfe de Ven. p. 163.

qué par le portulan Vénitien, du cap le plus septentrional de Céfalonie, au plus méridional de Leucade. Cette dernière île, appelée aujourd'hui Sainte-Maure, et qui ne fut pendant long-temps qu'une presqu'île, est réduite d'une carte de Coronelli, dont M. d'Anville s'est aussi servi *(a)*. La côte du continent opposé vers Alyzie, ainsi que les îles qui se trouvent entre deux, sont prises d'un plan levé par M. Verguin.

La ville de Leucas n'étoit pas située au même endroit que celle de Sainte-Maure d'aujourd'hui. On en voit les ruines à quelque distance au midi, sur le bord de la mer, et dans l'endroit où l'île approche le plus de la terre-ferme. Elle avoit été bâtie par les Corinthiens sur l'isthme qui joignoit d'abord la presqu'île au continent; mais l'isthme ayant été coupé, la ville se trouva dans l'île, et le canal prit le nom de Dioryctos. On comptoit 700 stades olympiques de Patræ à Leucas, au rapport de l'antiquité *(b)*. Cependant on n'en trouve que 575 en droite ligne dans ma carte, parce que la navigation est fort embarassée dans cet espace, et que d'ailleurs, la distance de Naupacte à Dioryctos, selon la table de Peutinger, ne m'a pas permis d'en admettre davantage.

Naupacte, aujourd'hui Lépante, est plus orientale que Patræ. Cette ville est située sur la mer de Crissa, peu loin du cap Antirrhium. De là la table de Peutinger donne *(c)*, en plusieurs distances, 78 milles romains jusqu'à Dioryctos. Les 78 milles font 624 stades olympiques, et j'en ai employé plus de 600 en droite ligne.

Sur cette route, on traversoit l'Acheloüs, aujourd'hui

(a) D'Anville, anal. des côtes de la Grèce, p. 10.
(b) Polyb. ap. Strab. lib. 2, p. 105. Plin. lib. 2, cap. 108, t. 1, p. 124; lib. 4, cap. 4, p. 192. Agathem. lib. 1, cap. 4, p. 10, ap. geogr. min. Græc. t. 2.
(c) Peuting. tab. segm. 7.

Aspro-potamo ou fleuve blanc. Coronelli a donné *(a)* la carte d'une partie du cours de ce fleuve, qui fut dressée à l'occasion d'une incursion que firent les Vénitiens dans l'Acarnanie et dans l'Étolie en 1684. J'y ai retrouvé le passage de la route ancienne ; mais comme l'échelle en est fautive, je l'ai rectifiée d'après les distances indiquées par M. Foucherot *(b)*, qui a traversé ce pays, et j'ai assujetti la carte entière à la position d'Œniadæ, située à l'embouchure même de l'Acheloüs, et qui étoit éloignée de 100 stades du cap Araxe dans le Péloponèse *(c)*.

Cette carte s'étend jusqu'aux ruines de Stratos, qui étoit bâtie sur la rive droite du fleuve, à 200 stades et plus de son embouchure, selon Strabon *(d)*. Cependant le même auteur dit bientôt après *(e)*, que Stratos est à moitié chemin d'Alyzie à Anactorium, et cette dernière ville étoit sur le golfe d'Ambracie. Paulmier a essayé *(f)* de concilier ces deux passages ; mais sa sagacité ordinaire paroît l'avoir abandonné en cet endroit, il ne dit rien de satisfaisant. S'il eut fait attention à la position respective des lieux, il auroit facilement vu que le second passage est corrompu, et qu'il faut y lire Ἀντίῤῥιον, au lieu d'Ἀνακτόριον.

De Leucas, Strabon compte *(g)* 240 stades jusqu'au temple d'Actium, à l'entrée du golfe d'Ambracie, du côté de l'Acarnanie. Cette distance me paroît fautive, car la table de Peutinger ne marque *(h)* que 15 milles entre Dioryctos et Nicopolis, qui fut depuis bâtie par Auguste, de l'autre côté du golfe, en Épire. Les portulans mêmes et

---

(a) Coronelli, descript. de la Morée, p. 69.
(b) Foucherot, voyag. manuscr.
(c) Polyb. hist. lib. 4, p. 329.
(d) Strab. lib. 10, p. 450.
(e) Id. ibid.
(f) Palmer. Græc. antiq. p. 388.
(g) Strab. ibid. p. 451.
(h) Peuting. tab. segm. 7.

les voyageurs *(a)* ne comptent que 12 milles de la forteresse de Sainte-Maure, à celle de la Prévéza ; et ces milles, qui ne peuvent être que des milles grecs, sont employés en droite ligne dans ma carte. Pour le gisement j'ai suivi celui qu'indique Bellin *(b)*.

Le golfe d'Ambracie, aujourd'hui de l'Arta, est réduit d'une grande carte de Coronelli. C'est celle dont M. d'Anville s'est servi *(c)* ; aussi ai-je été obligé, comme lui, d'en corriger l'échelle, et d'assujettir la carte aux mesures que Polybe donne *(d)* de ce golfe.

A cette latitude, la Grèce est resserrée entre deux golfes, l'un au couchant, celui d'Ambracie, et l'autre au levant, le golfe Maliaque ; en sorte que l'espace qui les sépare, est regardé par Strabon comme un isthme, dont il donne *(e)* la mesure. Elle est de 800 stades depuis le fond du golfe d'Ambracie, jusqu'aux Thermopyles sur le golfe Maliaque. Cette mesure m'a servi à déterminer le point des Thermopyles, qui est encore fixé par un autre côté. Le même auteur dit *(f)* que du fond du golfe de Crissa, il y a 508 stades en droite ligne, jusqu'aux Thermopyles. Ce que Strabon appelle le golfe de Crissa, est la mer de Crissa ou d'Alcyon, qui fut nommée depuis golfe de Corinthe. Il ne reconnoît point de golfe de Crissa particulier près de Delphes, et peut-être moi-même ai-je eu tort de le distinguer de la mer de Crissa, dans mes cartes. Enfin, le fond du golfe de Crissa de Strabon, est aux environs de Pagæ de la Mégaride *(g)*. En prenant de

---

(a) Des-Hayes, voyag. du levant, p. 467, Paris, 1632. in.4°. Spon, voyag. t. 1, p. 81.
(b) Bellin, descript. du golfe de Ven. p. 161.
(c) D'Anville, enul. des côtes de la Grèce, p. 10. Mém. de l'Acad. des Bell. Lett. t. 32, p. 513.

(d) Polyb. hist. lib. 4, p. 327.
(e) Strab. lib.8, p. 334. Strab. epitom. lib. 8, p. 112, ap. geogr. min. Græc. t. 2.
(f) Iid. ibid.
(g) Strab. lib. 8, p. 336 et 379 ; lib. 9, p. 409.

cette

cette ville, sur mes cartes, on mesure en droite ligne 470 stades jusqu'aux Thermopyles, et si ce nombre ne remplit pas tout-à-fait celui de Strabon, c'est que la combinaison des rayons que nous citerons tout-à-l'heure, ne nous a pas permis d'en admettre davantage. La première distance est employée en droite ligne, à 12 stades près.

Le fond de la mer de Crissa est établi, 1°. sur la distance de Pagæ à Mégare ou à Nisée (a) ; 2°. sur celle de Creusis dans la Béotie, au cap Olmies près de Corinthe (b) ; et 3°. enfin sur le rayon que Wheler a tiré (c) sur ce même cap, du port San-Basilio, à l'est de celui appelé autrefois Eutretus, et aujourd'hui Livadostro.

Pour l'intérieur de l'Attique, de la Béotie et de la Phocide, il semble d'abord qu'on doive suivre la carte de Wheler ; mais si on l'examine avec attention, on verra bientôt qu'on ne sauroit s'y fier. Cette carte diffère essentiellement du journal de ce voyageur. Les rayons indiqués par celui-ci, ne sont plus les mêmes sur la carte. Je ne citerai pour exemple que la position de Corinthe. On a vu qu'elle devoit être plus méridionale qu'Athènes, selon les rayons de Wheler ; cependant elle sera toujours plus septentrionale sur la carte, de telle manière qu'on la prenne. Je sais bien qu'on pourroit diminuer la différence de hauteur qui se trouve entre ces deux villes, sur cette carte, en prenant le nord pour celui de la boussole ; mais toujours est-il vrai que Corinthe ne descendra jamais dans sa vraie place. Il en est de même des autres lieux observés par Vernon. Au contraire, en conservant la carte de Wheler telle qu'elle est, et prenant dans le nord qui

---

(a) Strab. lib. 8, p. 334. Strab. epitom. lib. 8, p. 111, ap. geogr. min. Græc. t. 2. Peuting. tab. segm. 7,

(b) Strab. lib. 9, p. 409.
(c) Whel. a journ. book 6, p. 472.

y est tracé, la proportion entre les lieux observés, on voit qu'ils sont tous, à peu de chose près, dans les hauteurs indiquées. Wheler a donc assujetti sa carte aux observations de Vernon ? Mais pourquoi recourir aux preuves ? Wheler le dit lui-même dans sa préface. Il ne prend pas garde que ces hauteurs, la plupart mal observées, détruisent l'exactitude de ses opérations ; et d'ailleurs, comment pouvoit-il placer des lieux dans leurs latitudes, sur une carte levée à la boussole, et dont la variation n'étoit point corrigée ? On ne peut donc faire usage de sa carte que par parties ? Elle servira plutôt de mémoire que de représentation exacte du terrain.

J'ai repris tous les rayons indiqués par Wheler. J'ai suivi l'original Anglois, parce que la traduction Françoise est souvent fautive. Wheler, à la vérité, n'indique que des airs de vent, qui laissent dans une incertitude de 11 degrés, 15 minutes ; mais par la combinaison d'un grand nombre de ces airs de vent, je suis parvenu à fixer quelques points assez exactement, et j'ai lieu de croire que j'ai rétabli sa carte, à peu de chose près, comme elle étoit auparavant qu'il l'eût assujettie aux observations de Vernon. J'ai seulement corrigé dans tous ses rayons, la variation, que j'ai faite, avec M. d'Anville (*a*), d'un quart de vent vers le nord-ouest.

Les plans de M. Foucherot m'avoient donné les sommets du mont Pentélique, du mont Hymette et des monts Cérates ; je suis parti avec Wheler de ces deux derniers ainsi que de l'Acro-corinthe, pour fixer le Cithéron. De celui-ci et de l'Acro-corinthe, j'ai fixé l'Hélicon et même le sommet du Parnasse appelé Lycorée, que Wheler a

---

(*a*) D'Anville, anal. des côtes de la Grèce, p. 25.

relevé (*a*) juste au nord de l'Acro-corinthe. Du Cithéron, de l'Hélicon et du Parnasse, j'ai fixé le mont Ptoüs dans la Béotie. De celui-ci et du Cithéron, le mont Teumesse près de Chalcis ou Négrepont. Du Cithéron et du mont Hymette, le Parnès. Du mont Ptoüs, plusieurs montagnes dans l'île d'Eubée, et une près d'Oponte, aujourd'hui Talanda. Enfin, de l'Acro-corinthe, plusieurs caps avancés dans la mer de Crissa. Parmi toutes ces combinaisons, la position de Chalcis, ou Négrepont en Eubée, s'est trouvée dans la latitude indiquée par Vernon *(b)* ; mais Delphes ni Thèbes n'ont pu s'y rencontrer.

De Turco-chorio, autrefois Élatée, Wheler a relevé *(c)* le sommet du Parnasse au sud-quart-sud-ouest ; en prenant le rayon opposé, j'ai fixé Élatée d'après le Parnasse. Turco-chorio est placé sur une carte des Thermopyles, levée en 1781, par M. Foucherot, en sorte qu'il m'a été facile d'assujettir cette carte aux miennes. Cette carte est la même que j'ai en partie copiée dans mon plan du passage des Thermopyles. Elle m'a conduit jusqu'à Zeitoun, et de plus elle m'a donné la pointe de l'île d'Eubée. Zeitoun est l'ancienne Lamia, comme le prouve une inscription que Paul Lucas a rapportée *(d)* ; mais le terrain aux environs est presque méconnoissable. Le Sperchius ne coule plus dans le même lit qu'autrefois ; les marais qui existoient du temps d'Hérodote, sont actuellement terreferme ; le golfe Maliaque se comble tous les jours, et enfin, le détroit des Thermopyles est beaucoup plus large qu'il n'étoit du temps de Xerxès.

(a) Whel. a journ. book. 4, p. 318.
(b) Journal de Vernon, p. 302.
(c) Whel. a journ. book 6, p. 462.

(d) Paul Lucas, second voy. t. 1, p. 405, inscript. 52.

xxviij ANALYSE

Depuis Athènes jusqu'aux Thermopyles, et même au-delà, beaucoup de distances qui sont données par les auteurs anciens, m'ont paru être en stades pythiques, ou plus courts d'un cinquième que les stades olympiques. Je ne citerai ici pour exemple que celles des Thermopyles. Par leur comparaison avec les mêmes distances en mesure romaine, on verra que les stades dont elles sont composées, sont tous de 10 au mille.

Hérodote, en décrivant ce fameux passage, compte (a) 45 stades d'Anticyre sur le Sperchius jusqu'à Trachis, et Strabon dit (b) que le Sperchius est à 30 stades de Lamia ; au total 75 stades de Trachis à Lamia. Mais Trachis ayant été détruite, selon le même Strabon (c), Héraclée fut bâtie à environ 6 stades de distance. Otez ces 6 stades de 75, il restera 69 pour la distance de Lamia à Héraclée ; et Tite-Live dit précisément (d), en parlant de ces deux villes, *intersunt septem millia ferme passuum*. Le même rapport se trouve encore dans la distance d'Héraclée au point des Thermopyles où passent les eaux chaudes. Cette distance est de 40 stades, selon Thucydide (e), et elle est confirmée par Strabon (f) ; cependant Pline ne la fait (g) que de 4 milles romains.

Un rayon tiré par M. Foucherot, des Thermopyles mêmes sur la côte de la Thessalie qui s'avance le plus au midi, m'a donné la direction du canal qui sépare cette province de l'Eubée. Ce canal est beaucoup plus long que ne le font la plupart des cartes connues ; mais il est extrêmement étroit, car je n'ai pu employer les 80 stades

---

(a) Hérodot. lib. 7, cap. 198.
(b) Strab. lib. 9, p. 433.
(c) Id. ibid. p. 428.
(d) Liv. lib. 36, cap. 25.

(e) Thucyd. lib. 3, cap. 92.
(f) Strab. lib. 9, p. 429.
(g) Plin. lib. 4, cap. 7, t. 1, p. 199.

que donne Hérodote *(a)* pour la distance de l'Artemisium à Aphetæ, que sur le pied de 53 toises environ, chacun, comme l'a fait M. d'Anville dans sa carte de *Græcia*. La longueur de ce canal est la même que celle de la côte d'Eubée qui le borde, et cette côte s'étend l'espace de 36 milles d'Italie, selon une carte manuscrite de l'Archipel, dressée par le pilote Gautier en 1738. Sur le cap le plus septentrional de l'île d'Eubée, étoit autrefois la ville de Cérinthe, dont le nom a été changé, par la mal-adresse des navigateurs, en celui de Capo-rhento.

De ce cap plusieurs cartes marquent le nord jusqu'au Sépias, aujourd'hui le cap Saint-Georges, et celle de Gautier place ce dernier juste au midi de la pointe de Cassandre, autrefois le cap Posidium dans la presqu'île de Pallène. La distance du cap Posidium au Sépias m'a paru être de 35 milles d'Italie. Gautier la fait plus forte; mais elle ne sauroit l'être de beaucoup, car la hauteur du cap Posidium est fixée par celle de Therme, aujourd'hui Salonique, dans le fond du golfe Thermaïque. Toute la côte depuis cette ville jusqu'au cap Canastræum, aujourd'hui Canouistro, est réduite d'une carte levée géométriquement, en 1738, par M. Leroi, ingénieur, embarqué avec M. le marquis d'Antin. La carte de M. Leroi m'a aussi fourni les embouchures de l'Axius, et même la côte de Thessalie, quoique cette dernière n'y soit posée qu'à l'estime.

Salonique a été observée en longitude et en latitude par le P. Feuillée *(b)*. Elle est à 20 degrés 48 minutes, à l'orient de Paris, et à 40 degrés 41 minutes 10 secondes,

---

(a) Hérodot. lib. 8, cap. 8.
(b) Mém. de l'Acad. des Sciences, ann. 1702, p. 9.

de latitude. C'est cette position qui m'a servi à déterminer la longitude de la Grèce entière, dans ma carte générale.

Du reste, le sommet du mont Olympe en Thessalie, est fixé par un rayon tiré de Salonique. La vallée de Tempé est figurée d'après une carte manuscrite de M. Stuart, savant Anglois, qui a donné les antiquités d'Athènes ; et le fond du golfe Pagasétique est déterminé, comme j'ai dit, par la hauteur de Pagase, aujourd'hui le château de Volo. Ce château est à 39 degrés 21 minutes de latitude, selon Dapper *(a)*. Je ne sais d'où il a pu tirer cette observation, mais elle m'a paru assez exacte. Les îles Sciathos, Scopélos, et celles qui les suivent, sont prises de la carte de Gautier, excepté celle de Scyros, qui est réduite du plan qu'en a donné M. le comte de Choiseul-Gouffier *(b)*.

Sur la côte occidentale, je suis resté au golfe d'Ambracie ; je vais actuellement fixer l'île de Corcyre, aujourd'hui Corfou. Coronelli a donné une carte assez détaillée de cette île ; mais l'échelle en est fautive. M. d'Anville l'a rectifiée *(c)* en la comparant avec un plan levé par M. Verguin. J'en ai agi de même, et j'ai ensuite assujetti à la position de cette île, la côte de l'Épire, depuis Buthrotum jusqu'au cap Chimerium, et même au-delà. La plupart des portulans placent les îles Paxæ, à l'est et au sud-est de Corfou ; néanmoins elles en sont au midi assez juste dans toutes les cartes, et c'est ainsi qu'on les trouve dans la mienne. La figure que je leur ai donnée est prise d'une carte de van-Keulen.

De ces îles, les portulans grec et compilé marquent

(a) Dapper, descript. de l'Archip. p. 342.
(b) M. le comte de Choiseul-Gouffier, voyag. pittor. de la Grèce, pl. 40, t. 1, p. 77.
(c) D'Anville, anal. des côtes de la Grèce, p. 9.

le sud-quart-sud-est, jusqu'au cap Sidero, le plus occidental de Céphallénie ; et Levanto dit *(a)* que c'est en général l'air de vent que l'on suit en allant de Corfou à Céfalonie. La distance est différente, selon différens auteurs ; mais elle est déterminée par la latitude de Corfou. Cette ville est à 39 degrés 37 minutes de latitude, selon les tables de Riccioli et de Pimentel *(b)*, qui sont construites sur les observations des navigateurs. La position de Corfou vérifie les 700 stades que les anciens comptoient (c) de Leucas à Corcyre. Cette dernière ville n'est pas, à la vérité, la même que Corfou. On en voit les ruines à peu de distance au midi, dans une presqu'île appelée aujourd'hui Chersopoli ; et de cette presqu'île à Leucas, sur ma carte, on mesure 612 stades olympiques en droite ligne. La réduction est assez convenable.

De Corcyre les anciens comptoient encore *(d)* 700 stades jusqu'aux monts Acro-céruaniens, ou même simplement 660, comme porte le manuscrit d'Agathémère *(e)*, quoique Tennulius ait jugé à propos de le corriger d'après le texte de Pline. Il auroit mieux fait de corriger Pline *(f)* d'après Agathémère. On mesure sur ma carte 590 stades en droite ligne, entre Corcyre et la pointe des monts Acro-céruaniens, ou Céruaniens simplement, qui est aujourd'hui appelée la Linguetta. La réduction n'est pas trop forte ; d'ailleurs cette pointe est fixée par d'autres moyens.

Sa latitude est prise d'une grande carte du golfe d'Ori-

(a) Levanto, specchio del mare, p. 105.
(b) Ricciol. geogr. et hydrogr. reform. lib. 9, cap. 4, p. 394, Venet. 1672, in fol. Pimentel, arte de navegar, p. 216, Lisboa, 1712, in-fol.
(c) Polyb. ap. Strab. lib. 2, p. 105. Plin. lib. 2, cap. 108, t. 1, p. 124. Agathem. lib. 1, cap. 4, p. 10, ap. geogr. min. Græc. t. 2.
(d) Polyb. ap. Strab. ibid.
(e) Agathem. ibid.
(f) Plin. ibid.

cum, aujourd'hui de la Valone, levée géométriquement en 1690, par un ingénieur Vénitien nommé Alberghetti, et sur laquelle la graduation paroît dériver d'une observation astronomique faite à la Valone même, quoique la carte n'en fasse pas mention. Sa longitude est conclue de son gisement à l'égard de la pointe la plus septertrionale de Corfou. Du moins Levanto dit *(a)* que de l'île Saseno, autrefois Saso, qui est peu éloignée de la Linguetta, il y a 10 lieues au sud-sud-est jusqu'à Corfou. Les lieues de ce pilote sont toujours de 4 milles d'Italie, comme l'a remarqué M. d'Anville *(b)* ; et en prenant le rayon opposé à celui de Levanto, et partant du cap Phalacrum le plus septentrional de Corfou, les 10 lieues tombent juste sur la latitude que la carte Vénitienne assigne à la pointe de la Linguetta. J'ai donc lieu de croire les monts Cérauniens assez bien placés sur ma carte ? D'un autre côté, la position du cap de la Linguetta, qui est au midi juste de Saseno dans la carte Vénitienne, se vérifie par celle de la petite île Thoronos. Cette dernière est directement au midi *(c)* de Saseno, et juste à l'ouest *(d)* du Phalacrum de Corcyre.

La carte du golfe d'Oricum, qui paroît levée avec le plus grand soin, m'a donné les côtes de ce golfe, celles de l'île Saso, et même une partie du cours du fleuve Celydnus. J'ai aussi profité d'une note gravée sur cette carte. C'est une description succincte, mais assez bien faite, du pays aux environs de la Valone, l'ancienne Aulon. Elle m'a fourni les distances en descendant au midi jusqu'à Buthrotum, en face de Corcyre ; et j'en ferai encore

---

(a) Levanto, specchio del mare, p. 95 et 104.
(b) D'Anville, anal. des côtes de la Grèce, p. 4.

(c) Portul. Grec et compilé. Levanto, ibid.
(d) Portul. Manuscr. Coronelli, descript. de la Morée, p. 63.

usage pour remonter jusqu'à Durazzo, ou Épidamne, en Illyrie. Ce qui doit étonner, c'est qu'une carte aussi exacte soit restée presque inconnue jusqu'à M. d'Anville *(a)* ; cela vient, sans doute, de ce que la plupart des géographes, habitués à se copier les uns les autres, n'ont jamais pensé à reprendre la Grèce en détail, comme l'a fait M. d'Anville.

De l'île Saseno, les portulans Grec et compilé, Levanto *(b)* et Alberghetti dans sa note, marquent le nord direct jusqu'à Durazzo. J'ai suivi cet air de vent ; et pour la distance, je crois qu'on peut s'en tenir à celle d'Alberghetti, qui est de 60 milles d'Italie. Ce n'est pas que les autres en diffèrent beaucoup ; mais c'est la plus forte de toutes, et néanmoins, entre deux indications différentes de la latitude de Durazzo, elle m'a forcé d'adopter la plus foible. Cette indication, comme je l'ai dit, est celle de la table de Philippe Lansberge *(c)*, qui place Durazzo à 41 degrés 27 minutes. Les tables de Harris et de Riccioli, font cette ville plus septentrionale. Elles en donnent *(d)* la latitude à 41 degrés 58 minutes ; mais il faudroit presque le double de distance pour atteindre cette détermination.

Par tout ce que j'ai rapporté, il me semble que la côte occidentale de la Grèce est assez bien fixée ; il ne s'agit plus actuellement que de savoir si la traversée jusqu'à la côte orientale, n'aura rien changé à mes mesures. J'ai déja déterminé la largeur de la Grèce ; d'abord dans le Péloponèse, par la distance d'Argos à Olympie ; ensuite dans le milieu de la Grèce même, par celle du golfe d'Ambra-

---

(a) D'Anville, anal. des côtes de la Grèce, p. 6.
(b) Levanto, specchio del mare, p. 95.
(c) Philip. Lansberg. tab. mot. cœl. perp.
p. 8, Middelb. 1663, in-fol.
(d) Harris, diction. at the word latitude London, 1736, in fol. Ricciol. geogr. et hy drogr. reform. lib. 9, cap. 4, p. 397.

cie aux Thermopyles ; je vais la vérifier dans la partie la plus septentrionale, par la mesure de la voie Égnatienne, qui conduisoit d'Apollonie et d'Épidamne à Thessalonique, ou Therme, dans le fond du golfe Thermaïque, et même au-delà. A la vérité, ce chemin ne fut construit que par les Romains, long-temps après l'époque du voyage d'Anacharsis ; mais toutefois, sa mesure jusqu'à Thessalonique servira-t-elle à déterminer l'espace qui sépare les deux mers. Cette mesure est donnée en milles romains.

Polybe, au rapport de Strabon *(a)*, comptoit 267 milles sur cette route, depuis Apollonie en Illyrie jusqu'à Thessalonique. Strabon remarque ensuite *(b)* que la route n'étoit pas plus longue en partant de Dyrrhachium ou Épidamne, que d'Apollonie ; ainsi il sera indifférent d'en prendre la mesure de l'une ou de l'autre de ces villes. Je la prendrai d'Épidamne, parce que c'est un des lieux que j'ai fixé dans cette analyse. Les 267 milles romains, à raison de 756 toises chacun, comme les évalue M. d'Anville *(c)*, font une somme de 201852 toises ; et l'on en mesure, sur ma carte, 167200 en droite ligne, entre Épidamne et Therme. La réduction de la mesure itinéraire à la ligne droite, est d'environ un sixième. Je crois qu'elle paroîtra convenable pour un pays hérissé de montagnes, et dans lequel la route est obligée de traverser plusieurs défilés. D'ailleurs, Alberghetti dit que l'on ne compte guère actuellement que 200 milles d'Italie, de Durazzo à Salonique.

Dans l'intérieur de l'Épire, on remarquera quelques détails qui ne se trouvent point sur les cartes publiées précédemment. Ils sont tirés, en partie d'un voyage ma-

---

(a) Polyb. ap. Strab. lib. 7, p. 323.
(b) Strab. ibid.

(c) D'Anville, trait. des mes. itin. p. 44.

nuscrit, fait de l'Arta, autrefois Ambracie, par Joannina et Gomphi à Larisse en Thessalie, et en partie de la géographie grecque de Mélétius, natif de Joannina même, ville située sur le lac Achérusie. On s'étonnera, peut-être, de voir ce lac très loin de la mer dans l'intérieur des terres, tandis que toutes les cartes le plaçoient à l'embouchure de l'Achéron ; cependant Scylax et Strabon *(a)*, font venir l'Achéron de ce lac, bien loin de le faire tomber dedans ; et Pline est encore plus positif, lorsqu'il dit *(b)* que l'Achéron, après être sorti du lac Achérusie, fait 36 milles de chemin pour se rendre à la mer. C'est en effet la distance de Joannina au port Veliki, autrefois Glycys ou le port doux. L'Achéron, dans cet espace, se perd pendant quelque temps sous terre, selon Mélétius *(c)*, et c'est, sans doute, ce qui l'a fait prendre pour un fleuve des enfers. Le Cocyte qui sort du même lac, en fait vraisemblablement autant.

Je n'entrerai pas dans un aussi grand détail sur le reste de ce que représente ma carte générale, quoique toutes les parties en aient été dressées sur même échelle que mes cartes particulières. Ma carte générale n'est, pour ainsi dire, que l'extrait d'un plus grand travail ; c'est pourquoi il suffira d'en indiquer les points généraux.

La figure des trois presqu'îles de la Chalcidique et du golfe de Piérie, jusques et compris l'île de Thasos est prise d'une carte manuscrite du pilote Gautier, trouvée parmi les papiers de M. Fréret. Cette carte a été assujettie à celle de la côte orientale du golfe Thermaïque, levée géométriquement par M. Leroi, et dont j'ai parlé. Sur cette

---

(a) Scyl. p. 11, ap. geogr. min. Græc. t. 1. Strab. lib. 7, p. 324.
(b) Plin. lib. 4, cap. 1, t. 1, p. 189.

(c) Μελιτ. γεωγ. lib. 1, sect. 18, cap. 3, n°. 10, Venet. 1728, in-fol,

carte de Gautier, la presqu'île qui renferme le mont Athos, est un peu plus longue que sur une autre carte manuscrite de l'Archipel, du même pilote, qui se trouve dans la collection géographique des Affaires-étrangères; mais j'ai lieu de croire exact le manuscrit que j'ai suivi, parce qu'il s'accorde avec les mesures que Pline et Bélon donnent *(a)* de cette presqu'île, et que d'ailleurs le sommet du mont Athos s'est trouvé juste dans le rayon que Chandler a tiré dessus *(b)*, des ruines d'Alexandria-Troas, plus anciennement Sigie, sur la côte de l'Asie mineure.

L'île de Lemnos est placée d'après ses distances du mont Athos et de l'Hellespont, et d'après les rayons que forme l'ombre du mont Athos, en se projetant sur cette île. Myrine, la principale ville de Lemnos, ne pouvoit être sur la pointe nord-ouest, comme on la voit sur quelques cartes; l'ombre du mont Athos ne parvenoit à une vache de bronze qui étoit dans la place publique de cette ville, qu'au solstice d'été, selon le témoignage de presque toute l'antiquité *(c)*, et Bélon a remarqué *(d)* que cette ombre se projetoit déja sur l'angle nord-ouest de Lemnos, le 2 de juin. La côte de la Thrace, depuis Thasos jusqu'aux embouchures de l'Hèbre, est tracée d'après les indications des portulans, combinées avec les itinéraires Romains.

Les Dardanelles, autrefois l'Hellespont, ont été observées en latitude par M. de Chazelles *(e)*; néanmoins, pour leur position, je me suis entièrement rapporté à

(a) Plin. lib. 4, cap. 10, t. 1, p. 202. Bélon, observ. liv. 1, chap. 35.
(b) Chandl. trav. in Asia min. chap. 8, p. 23.
(c) Sophocl. ap. Etymol magn. in Ἄθως. Apollon. Rhod. Argon. lib. 1, v. 604. Plin. lib. 4, cap. 12, t. 1, p. 214. Plut. de fac. in orb. lun. t. 2, p. 935. Solin. cap. 11, p. 31.
(d) Belon, observ. liv. 1, chap. 25.
(e) Mém. de l'Acad. des sciences, ann. 1761, p. 168.

une grande carte manuscrite, levée dernièrement par M. Tondu, astronome, qui en a fixé la longitude et la latitude. Cette carte m'a fourni le golfe du Mélas, la Chersonèse de Thrace, et la côte d'Asie opposée jusqu'à Ténédos. A celle-ci s'est jointe une autre carte également manuscrite, et levée par M. de Truguet, capitaine d'une frégate aux ordres de M. le comte de Choiseul-Gouffier. Elle m'a donné le reste de la côte de la Troade, le golfe d'Adramytte jusqu'à l'entrée de celui de Cume, et toute l'île de Lesbos.

La Propontide, aujourd'hui la mer de Marmara, est assujettie, d'un côté à la position de Byzance ou Constantinople, dont la longitude et la latitude sont tirées, comme j'ai dit, de la Connoissance des temps pour 1788 *(a)*, et de l'autre à celle des Dardanelles. Sa figure est prise d'une grande carte manuscrite, levée en 1731, par M. Bohn, ingénieur, attaché au prince Ragozzi. Cette carte est la même que celle dont s'est servi M. d'Anville *(b)*. Je l'ai réduite exactement, si ce n'est que j'ai cru devoir placer Cyzique plus à l'orient, d'après les distances données par les auteurs anciens, et même par les voyageurs modernes. Le fond du golfe d'Astacus et le lac qui est près d'Ancoré, sont tirés d'une carte manuscrite de M. Peissonel; et le Bosphore de Thrace, aujourd'hui le canal de Constantinople, est réduit du plan particulier que j'en ai donné.

A la position de Smyrne, qui a été observée en longitude et en latitude par le P. Feuillée *(c)*, j'ai assujetti une grande carte manuscrite d'une partie de l'Archipel,

---

(a) Connoiss. des temps pour 1788, p. 245.
(b) D'Anville, anal. des côtes de la Grèce, p. 33.
(c) Mém. de l'Acad. des sciences, ann. 1702, p. 8.

que j'avois dressée en 1785. Cette carte représente toutes les îles, au midi du parallèle de Smyrne et au nord de celui de Rhodes, ainsi que les côtes correspondantes d'Europe et d'Asie. Les îles y sont placées d'après les relèvemens qu'en ont fait Tournefort et d'autres voyageurs, et leurs figures sont prises de différens plans, dont quelques-uns sont manuscrits. On trouve un grand nombre de ces plans dans Tournefort ; M. le comte de Choiseul-Gouffier en a donné plusieurs *(a)*, et j'ai encore tiré parti de ceux que renferment les recueils de Dapper, Boschini, et même de Bordoné. Les plans des îles Thera et Astypalée, sont manuscrits. Ils ont été levés en 1738, par M. Leroi, et la hauteur du pôle y a été observée.

Pour la côte d'Asie, le golfe Herméen, aujourd'hui de Smyrne, est réduit d'une carte manuscrite, levée par le même M. Leroi, et le fond de celui de Cume est fixé par la position de Phocée. Cette ville étoit à un peu moins de 200 stades de Smyrne, selon Strabon *(b)*. Il ne faut pourtant pas croire que la ville de Smyrne que l'on trouve sur ma carte, soit la même que celle d'où part Strabon. Cette dernière ne fut bâtie que quelque temps après l'époque du voyage d'Anacharsis, à 20 stades de l'ancienne *(c)*; et c'est celle que l'on voit si florissante aujourd'hui. Le reste de la côte jusqu'à la Lycie est pris des cartes de M. le comte de Choiseul-Gouffier, auxquelles j'ai assujetti les routes de Chandler. Ces cartes ont aussi été combinées avec les distances données par les auteurs anciens.

Dans presque toute l'Asie-mineure, les rivières emportent avec elles une immense quantité de limon, et for-

---

(a) M. le comte de Choiseul-Gouffier, voyag. pittor. de la Grèce.

(b) Strab. lib. 14, p. 663.
(c) Id. ibid. p. 646.

ment des atterissemens à leurs embouchures. Le Scamandre dans la Troade, le Caïque près de Pergame, l'Hermus près de Smyrne, et le Caystre qui passe auprès d'Ephèse, ont augmenté le terrain qu'ils avoient à parcourir; mais rien n'est aussi frappant qu'aux environs de Milet. Le Méandre charie tant de sable, qu'un golfe profond, situé entre la ville et le fleuve, n'est plus qu'un lac, et que les îles Ladé et Astérius, placées à l'entrée de ce golfe, ne sont plus que des tertres dans la plaine. Près de Milet est le cap Trogilium, d'où Strabon compte *(a)* 1600 stades jusqu'au Sunium en Attique. On en mesure en droite ligne, sur ma carte, environ 1480.

Rhodes est placée à la hauteur observée par M. de Chazelles. Cette ville est *(b)* par 36 degrés 28 minutes 30 secondes de latitude, et la figure que j'ai donnée à l'île est prise d'une ancienne carte, corrigée par les mesures de Strabon et d'autres. La latitude de la petite île de Casos est tirée de la carte réduite de l'Archipel, dressée au Dépôt de la marine en 1738, sur laquelle cette île est marquée comme observée. Pour l'île de Crète, elle est réduite de la carte générale de l'île de Candie, donnée par Boschini *(c)*, faute de mieux. Cette carte a été assujettie aux observations de longitude et de latitude faites par le P. Feuillée *(d)*, à Candie et à la Canée, ainsi qu'aux distances données par les auteurs anciens et modernes. J'ai aussi été obligé d'en remonter toute la partie orientale vers le nord, parce qu'elle descendoit trop au midi. Le cap Samonium ne doit être qu'à 60 milles romains, ou 480 stades olympiques, de l'île Carpathos, selon Pline *(e)*,

---

(a) Strab. lib. 14, p. 636.
(b) Mém. de l'Acad. des Sciences, an. 1761, p. 167.
(c) Boschini, il regno tutto di Candia, Venet. 1651, in-fol.
(d) Mém. de l'Acad. des Sciences, an. 1702, p. 10 et 11.
(e) Plin. lib. 4, cap. 12, t. 1, p. 210.

et le Cadiscus à 75 milles ou 600 stades du Malée dans le Péloponèse.

Il ne s'agit plus actuellement, que de faire mention de quelques particularités qui n'ont pu trouver place dans le cours de cette analyse, et qu'il est pourtant essentiel de connoître.

Ces cartes étant dressées pour le temps de la Grèce libre, je me suis fait une loi de n'y point faire entrer les lieux dont la fondation ou l'existence sont postérieures à la bataille de Chéronée. On en trouvera cependant qui ne sont mentionnés que dans des auteurs plus récens; mais ils existoient beaucoup auparavant, ou du moins l'époque de leur fondation est inconnue. J'ai placé, sous leurs anciens noms, des villes qui ne devinrent célèbres que, quelque temps après, sous de nouveaux noms. Telles sont Olbia et Ancoré en Bithynie, qui furent depuis appelées Nicomédie et Nicée; Sigie dans la Troade, qui fut bientôt Alexandria-Troas ; Idrias dans la Carie, qui fut nommée Stratonicée ; Therme et Potidée dans la Macédoine, qui prirent les noms de Thessalonique et Cassandrie ; etc. etc.

D'autres villes changèrent d'emplacement, sans changer de nom. Parmi celles-ci on distinguera Salamine, dans l'île de même nom, sur la côte de l'Attique; Sicyone, Orchomène et Hermione, dans le Péloponèse ; Pharsale en Thessalie ; Smyrne et Ephèse en Ionie. Toutes ces villes sont dans leur ancien emplacement sur mes cartes. Celles de Cyzique dans la Propontide, et de Clazomènes dans l'Ionie, ne sont que des îles, parce qu'elles ne furent jointes au continent que quelque temps après. Enfin Olynthe en Macédoine, et d'autres villes encore, sont marquées comme détruites, parce qu'après avoir joué un
grand

grand rôle dans l'histoire de la Grèce, il convenoit d'en montrer la position. La ville de Philippes, sur les confins de la Macédoine et de la Thrace, venoit de recevoir ce nom.

C'est encore pour l'époque de la bataille de Chéronée, qui se livra le 3 août de l'an 338 avant Jesus-Christ, que les divisions sont tracées sur ma carte générale. Tout le continent de l'Asie appartenoit alors au roi de Perse. Philippe, père d'Alexandre, possédoit la Macédoine et les côtes de la Thrace, excepté la Chersonèse et les villes de Perinthe et de Byzance. Les îles de Thasos et d'Halonèse dépendoient encore de lui, et presque toute l'Illyrie lui étoit soumise. L'Épire étoit divisée entre plusieurs peuples la plupart libres. Un entre autres, les Molosses, étoit gouverné par un roi assez puissant, qui étoit allié, mais non tributaire de Philippe. Tout le reste étoit habité par des Grecs libres. Plusieurs îles, cependant, reconnoissoient la souveraineté de quelques républiques, comme les îles de Samos, Lemnos, Scyros, Imbros, et même la Chersonèse de Thrace, qui étoient dans une espèce de dépendance à l'égard de la république d'Athènes. Pour la partie de l'Asie que ma carte renferme, elle étoit divisée, à cette époque, en trois Satrapies, dont relevoient quantité de petits tyrans établis par le roi de Perse dans les villes Grecques.

Mes cartes particulières, au contraire, ont des époques toutes différentes. Elles sont dressées chacune pour l'année même dans laquelle le jeune Anacharsis parcouroit les provinces qu'elles représentent. De là vient que dans celle de la Phocide, toutes les villes qui furent détruites après la guerre sacrée, y sont marquées comme existantes ; et que dans celle de la Béotie, Orchomène, Platée et Thespies, y sont marquées comme détruites.

Je n'ajouterai plus qu'un mot. Ce n'est point par erreur que j'ai écrit Péloponèse, Chersonèse, Proconèse, etc., par une seule *n*. En cela j'ai suivi l'usage, comme je l'ai fait dans les noms de Mégare, Platée, Abdère, et tant d'autres qui sont au pluriel dans le grec. C'est encore l'usage qui m'a fait écrire Chio, au lieu de Chios qui est le vrai nom ancien.

F I N.

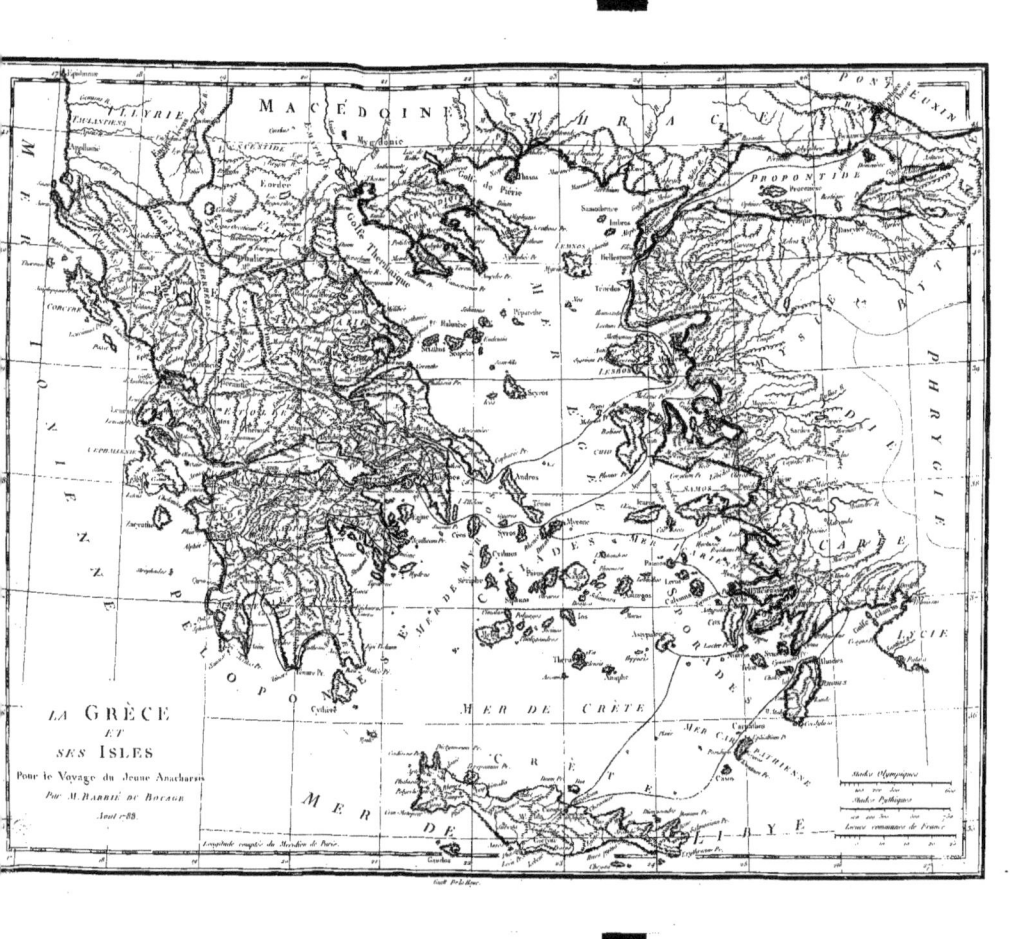

Introduction. in 4.º Tome I. p. 127. in 8.º Tome I. p. 200.

Mont Odrys

PARALIE

GOLFE MALIA

Achelous R.

Mur.d

Anteyre

Mer en haute

Murs couverts puis la

Phocéens dans l'endroit où le Chemin n'a de largeur que pour le Passage d'un Char. (environ 8 Toises)

largeur qu'un demi Mithre

ENIENE

Sperchius R.

Duras R.

Trachis

Melas R.

Mont

TRACHINIE

Roches Trachiniennes

Mont Rhoduntia

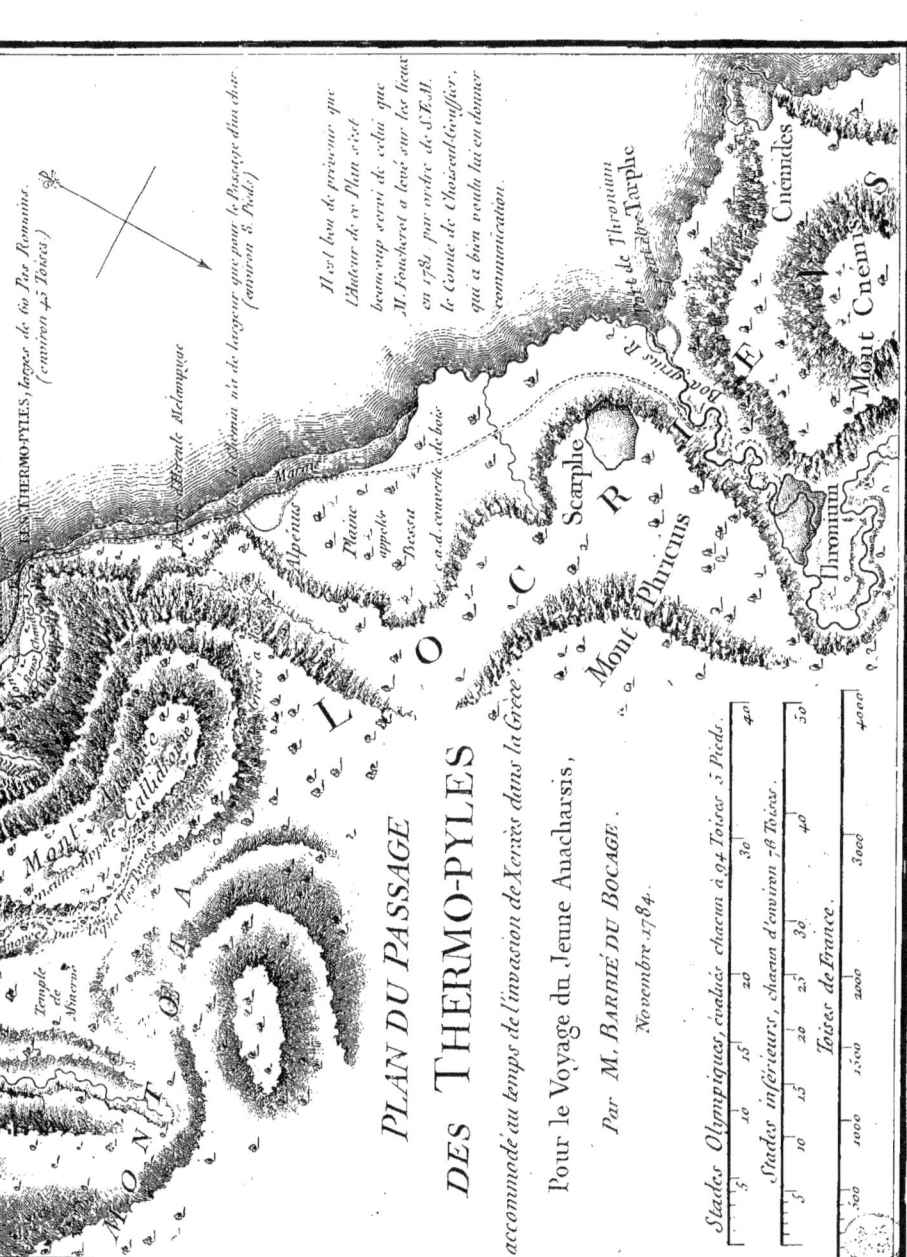

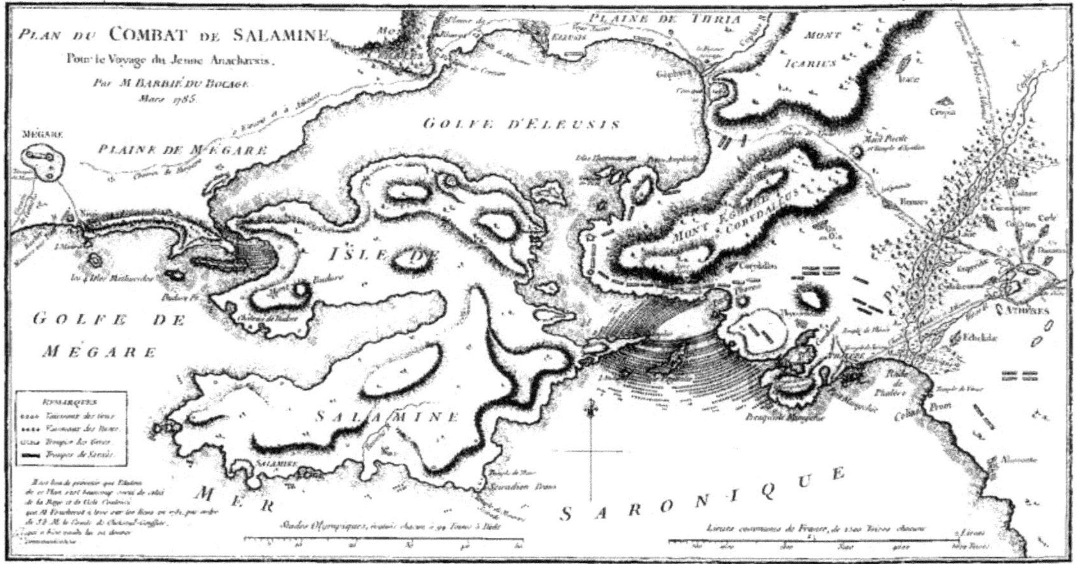

PLAN DU COMBAT DE SALAMINE
Pour le Voyage du Jeune Anacharsis,
Par M. BARBIÉ DU BOCAGE.
Mars 1785.
GOLFE D'ELEUSIS
PLAINE DE MÉGARE
MÉGARE
PLAINE DE THRIA
MONT ICARIUS
ISLE DE
SALAMINE
GOLFE DE MÉGARE
MONT ÆGIALÉE
CORYDALLUS
MER SARONIQUE
ATHÈNES
REMARQUES
Vaisseaux des Grecs
Vaisseaux des Perses
Troupes des Grecs
Troupes de Xerxès
Stades Olympiques
Lieues communes de France

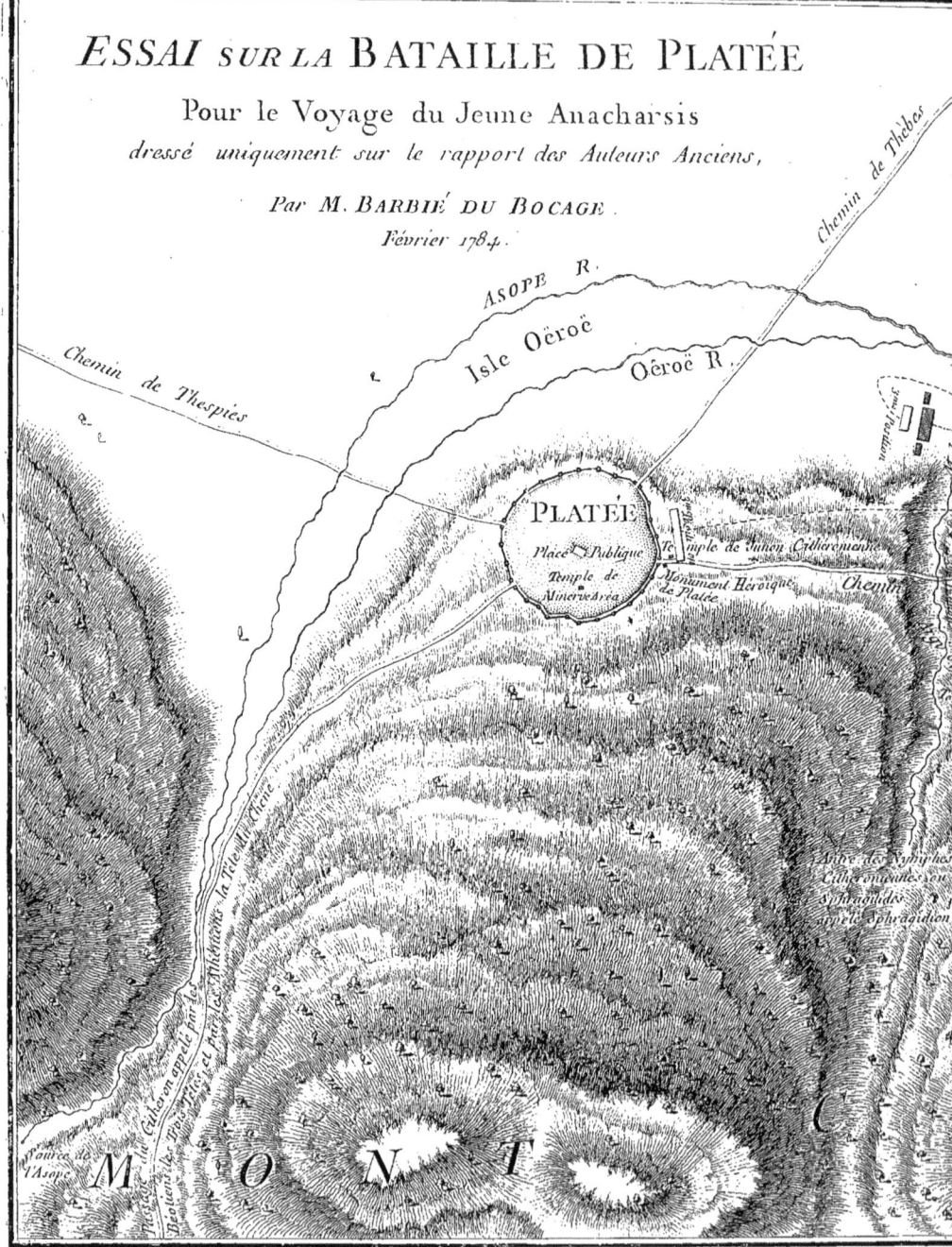

in 4°. Tome I. p. 153. in 8°. Tome I. p. 241.

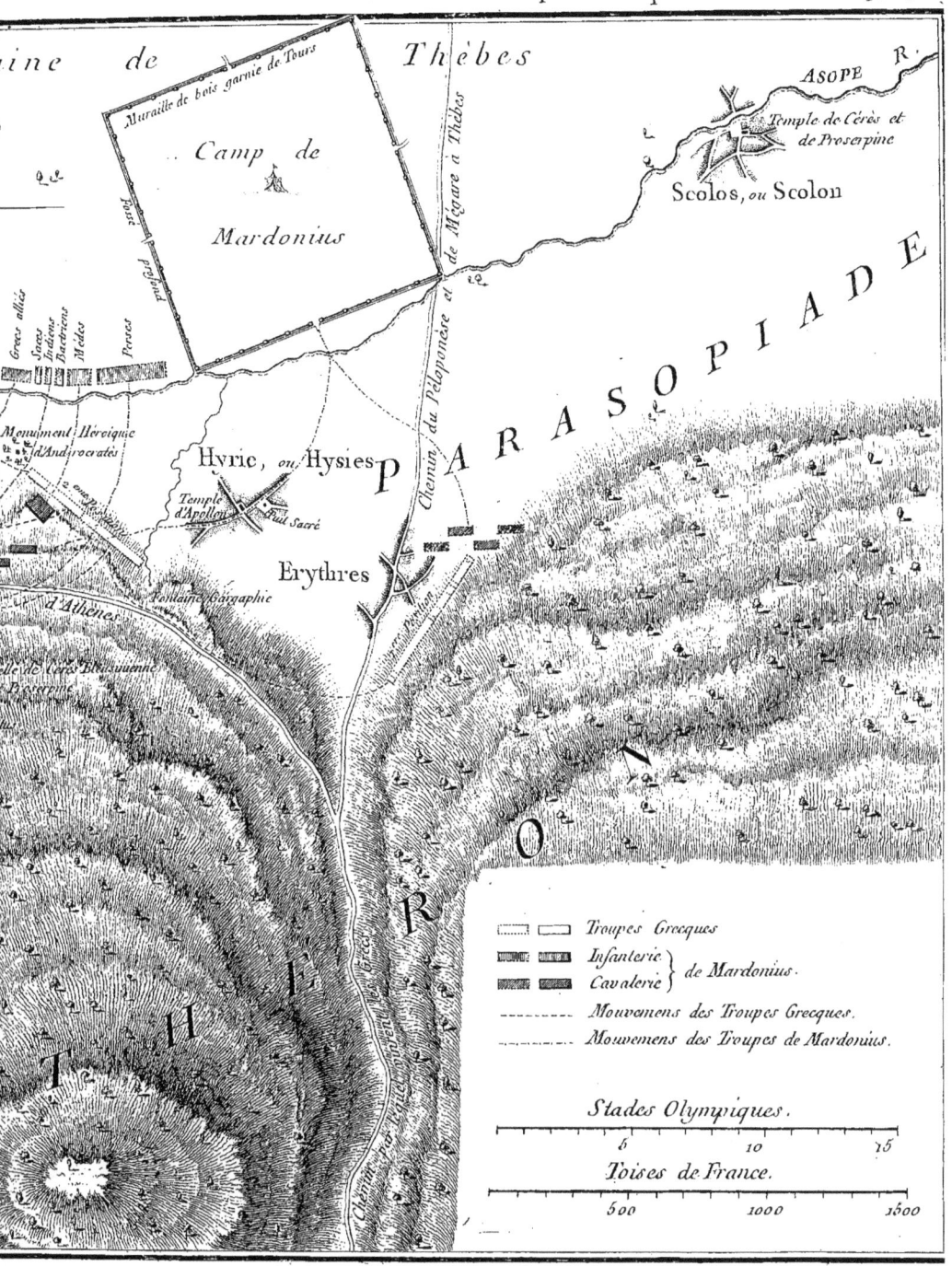

N°. IV

Voyage, Chap. I.

CARTE DU PALUS MÉOT
Pour le Voyage
Réduite en grande part
Par M. BARBIÉ

Stades Olympiques à 600 au Degré.

Voyage, Chap. I.

PLAN DU BOSPHORE DE THRACE

Pour le Voyage du Jeune Anacharsis

Par M. BARBIÉ DU BOCAGE,

Juillet 1784.

Il est bon de prévenir que
l'Auteur de ce Plan s'est beaucoup
servi de celui du Canal de Constantinople
levé en 1776, par M. Kauffer,
par ordre de S. E. M. le Comte
de Choiseul-Gouffier qui a bien
voulu lui en donner communication.

in 4.º Tome I. p 266. in 8.º Tome II. p 38.

PLAN PARTICULIER DE BYZANCE

P. De-la-Haye fils   N.º 2.

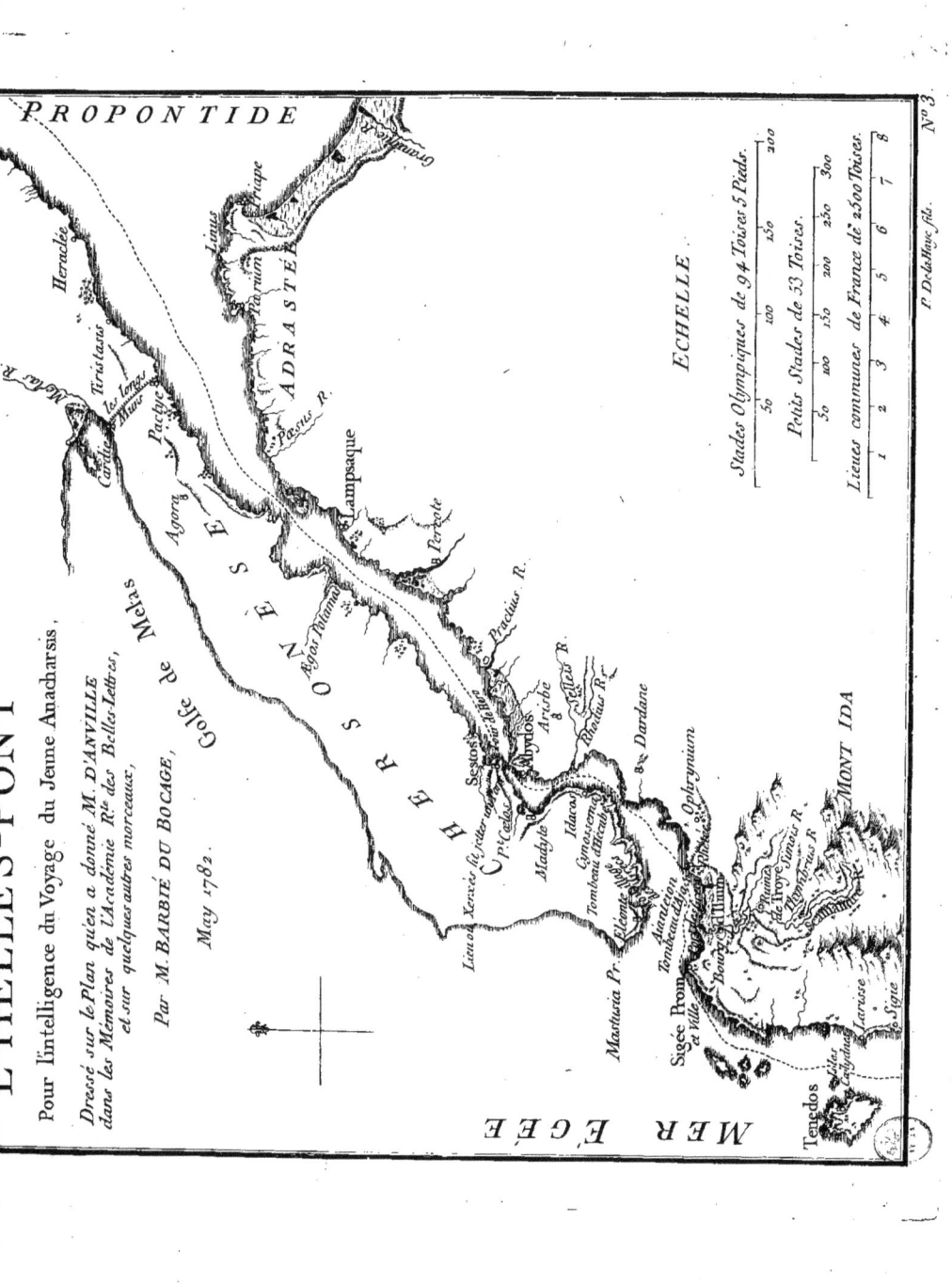

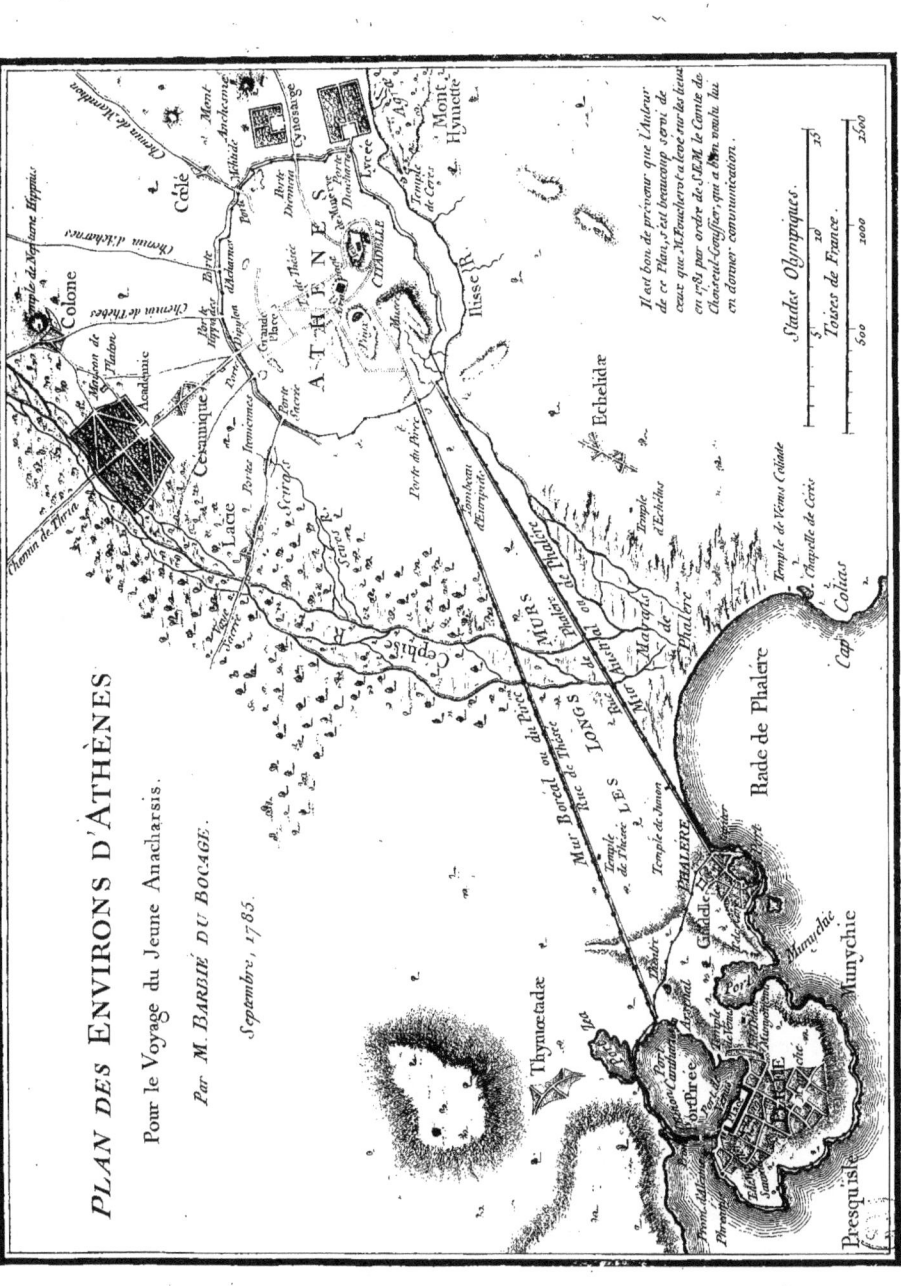

Voyage, Chap. VI.

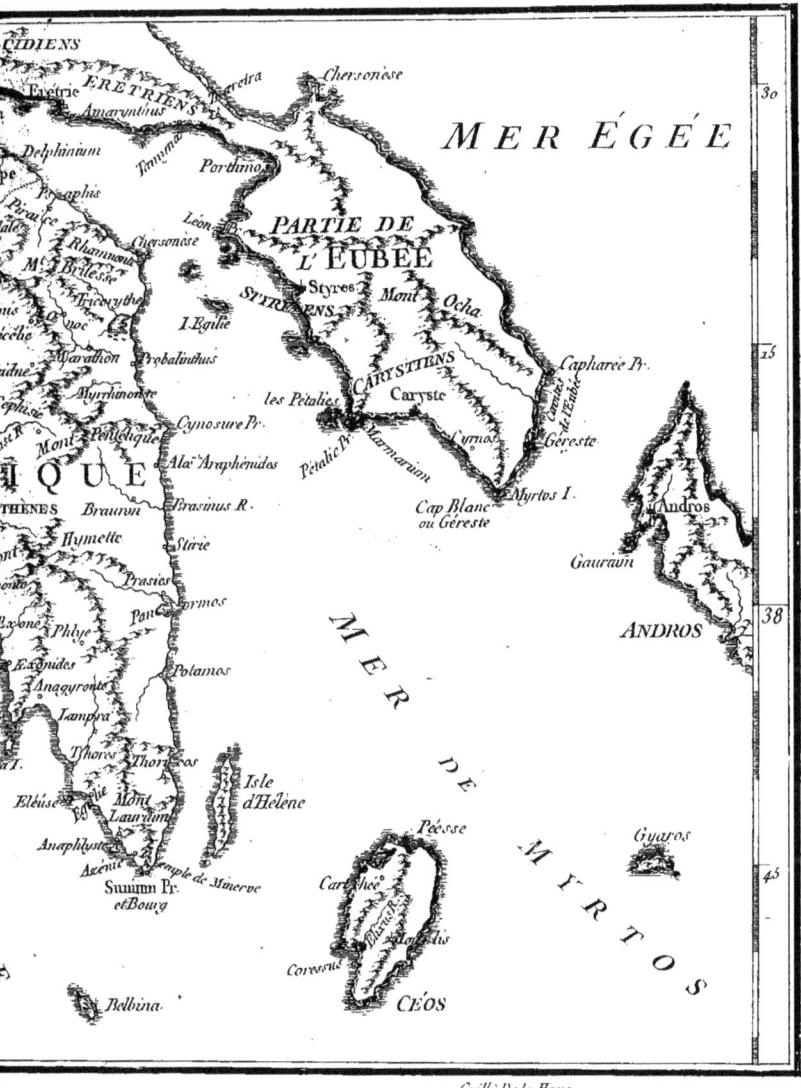

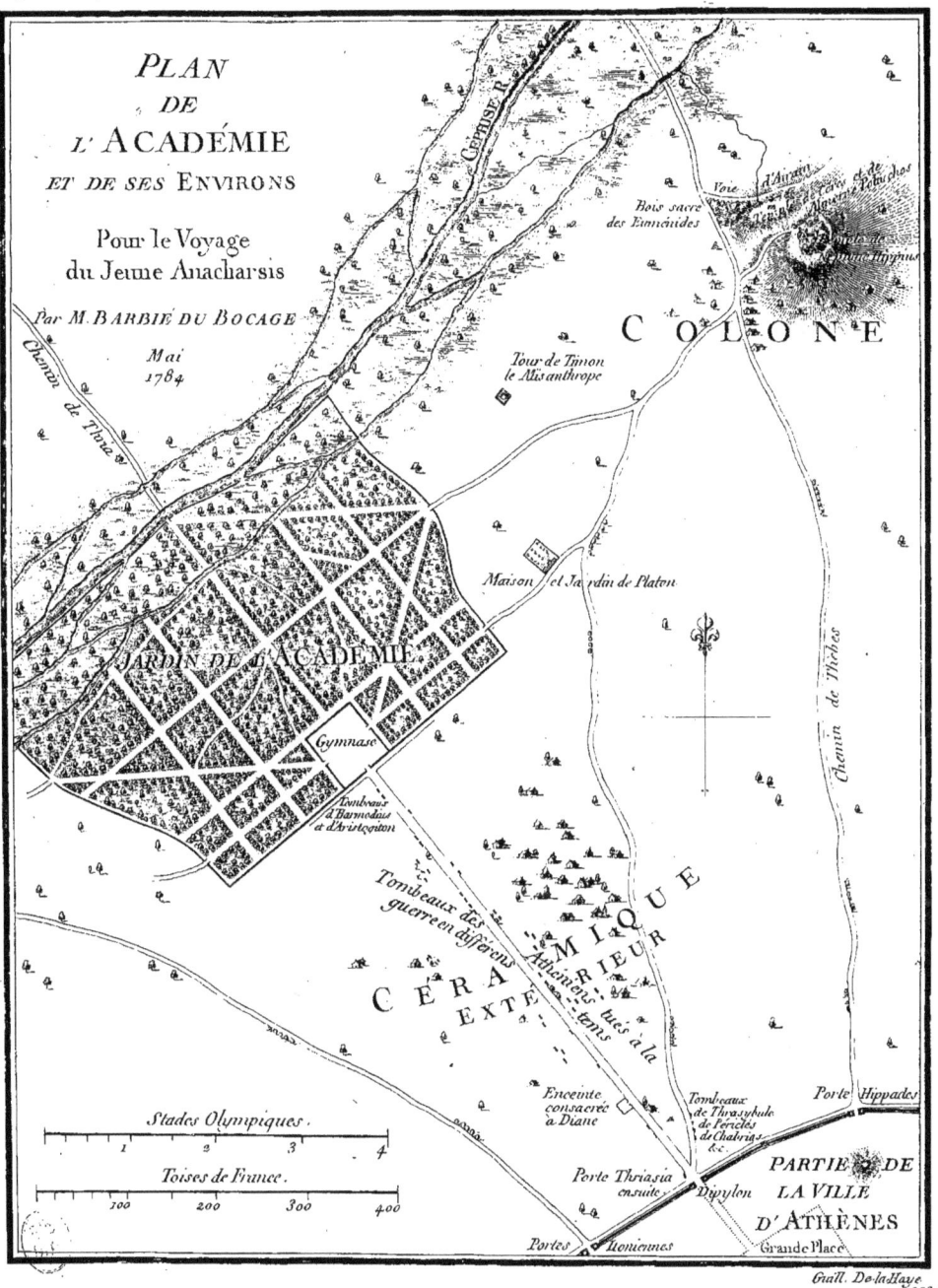

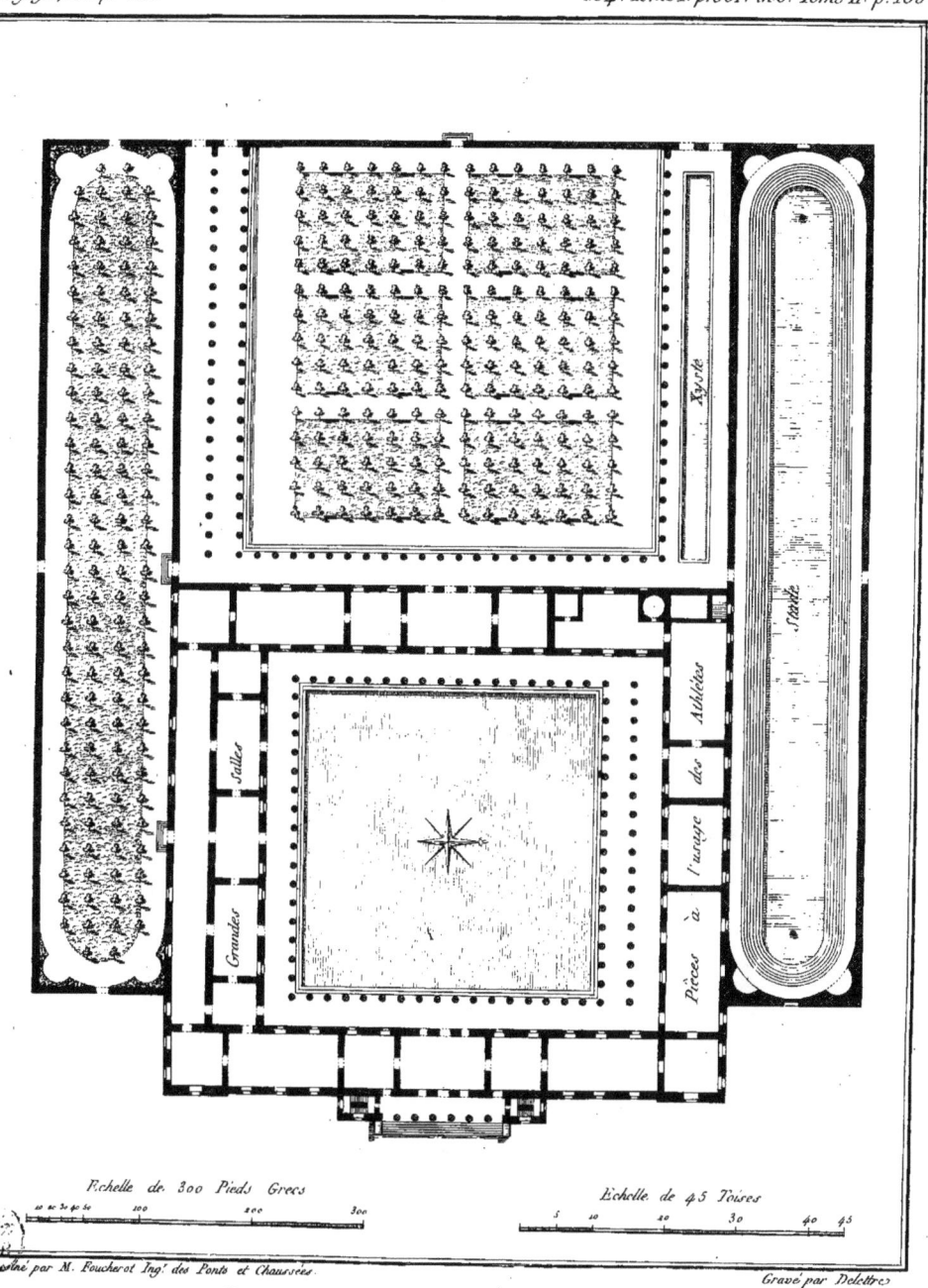

PLAN D'UNE PALESTRE GRECQUE
d'après VITRUVE.

Voyage, Chap. XII.

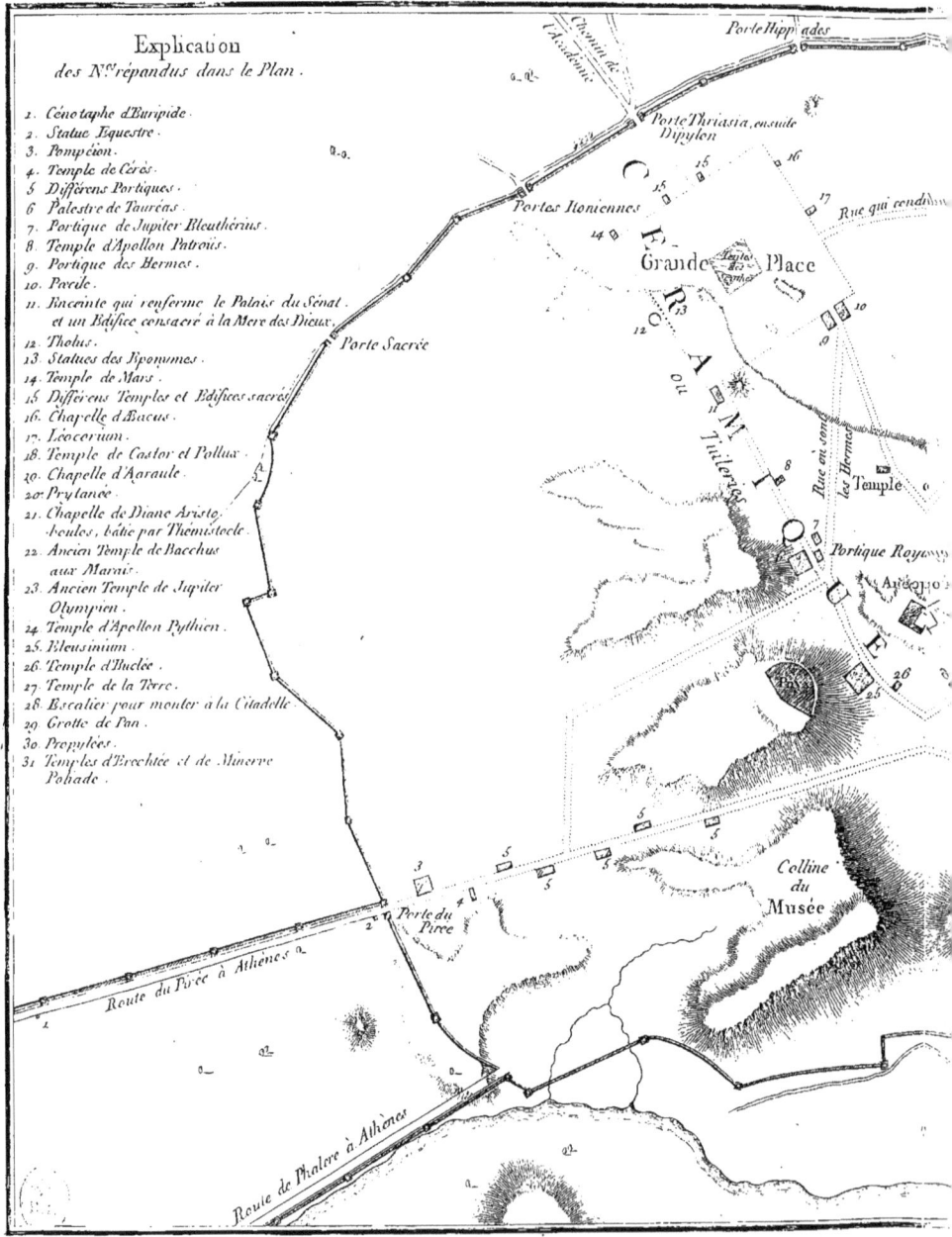

Explication
des N.ͬᵉˢ répandus dans le Plan.

1. Cénotaphe d'Euripide.
2. Statue Equestre.
3. Pompéion.
4. Temple de Cérès.
5. Différens Portiques.
6. Palestre de Tauréas.
7. Portique de Jupiter Eleuthérius.
8. Temple d'Apollon Patroüs.
9. Portique des Hermes.
10. Pœcile.
11. Enceinte qui renferme le Palais du Sénat, et un Edifice consacré à la Mere des Dieux.
12. Tholus.
13. Statues des Eponymes.
14. Temple de Mars.
15. Différens Temples et Edifices sacrés.
16. Chapelle d'Bacus.
17. Léocorium.
18. Temple de Castor et Pollux.
19. Chapelle d'Aglaure.
20. Prytanée.
21. Chapelle de Diane Aristo-boulès, bâtie par Thémistocle.
22. Ancien Temple de Bacchus aux Marais.
23. Ancien Temple de Jupiter Olympien.
24. Temple d'Apollon Pythien.
25. Eleusinium.
26. Temple d'Buclée.
27. Temple de la Terre.
28. Escalier pour monter à la Citadelle.
29. Grotte de Pan.
30. Propylées.
31. Temples d'Erechtée et de Minerve Poliade.

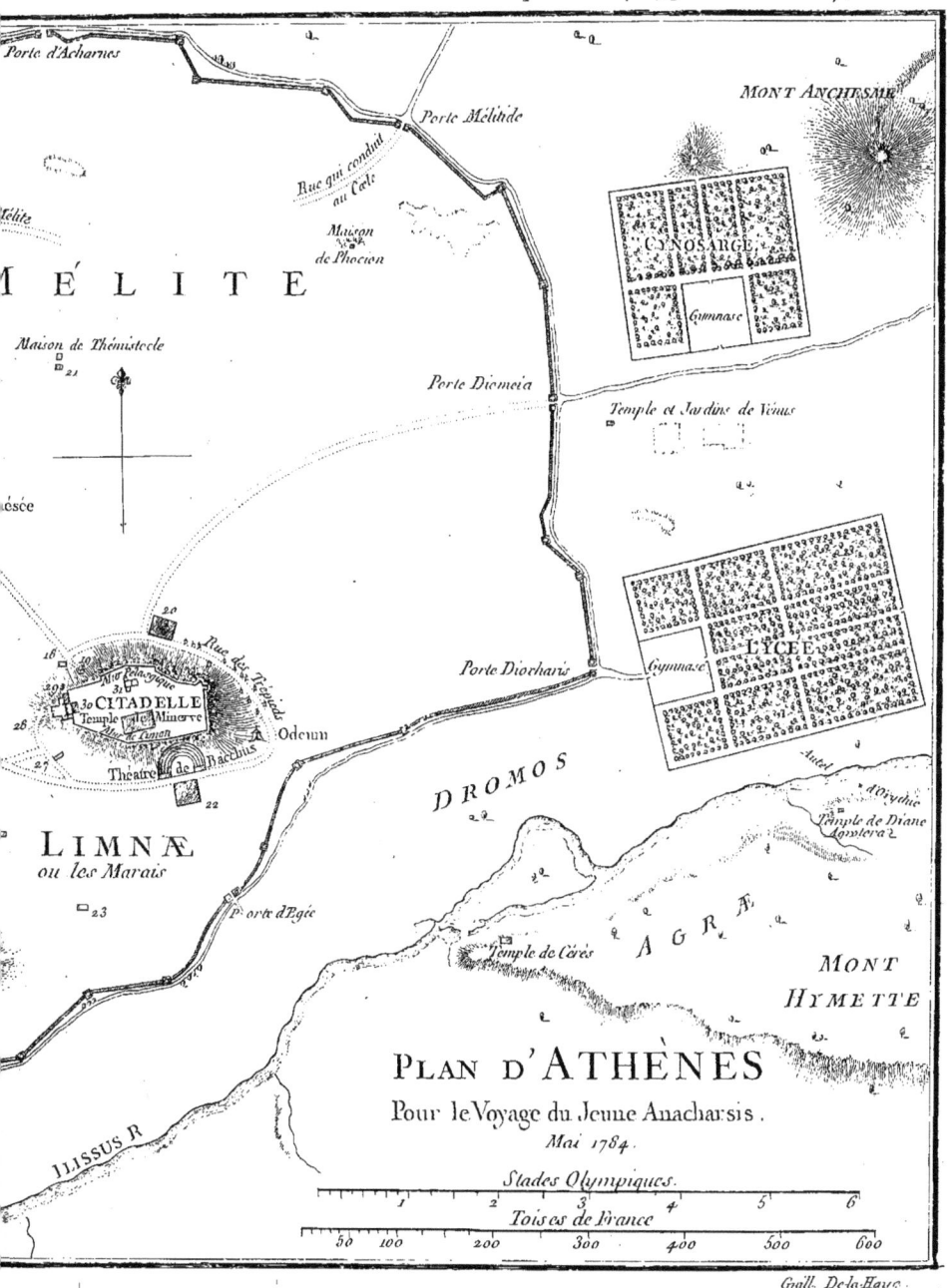

Voyage, Chap. XII. in 4.º Tome I. p 405. in 8.º Tome II p. 243.

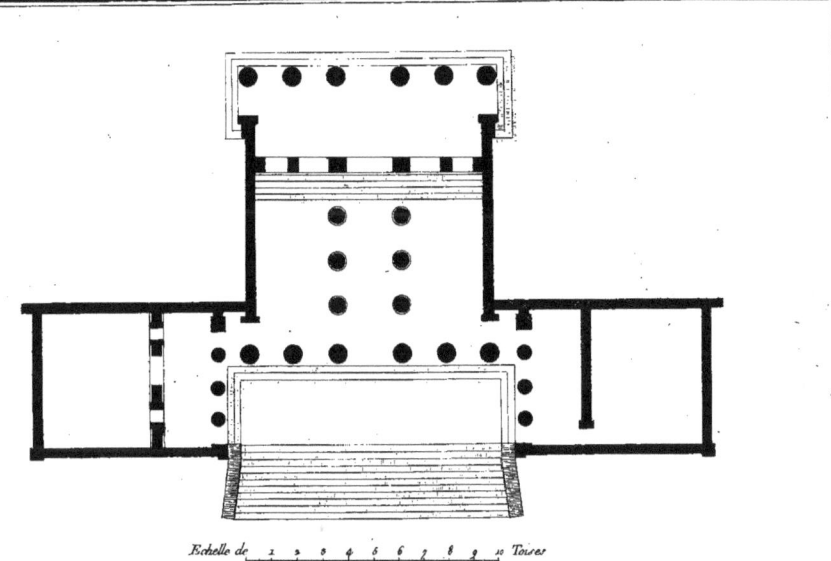

Echelle de 1 2 3 4 5 6 7 8 9 10 Toises

Dessiné par M. Foucherot Ing.r des Ponts et Chaussées. Gravé par Delettre.

PLAN ET ÉLÉVATION DES PROPYLÉES.

N.º 9.

Voyage, Chap. XII.   in 4.° Tome I. p. 409. in 8.° Tome II. p. 250.

N.° I.

Plan du Temple de Thésée.

6 12 18 24 30 36 42 48 54 60 Pieds.

N.° II.

Elévation de la Façade du Parthénon.

Vue du Parthénon.   N° 10.

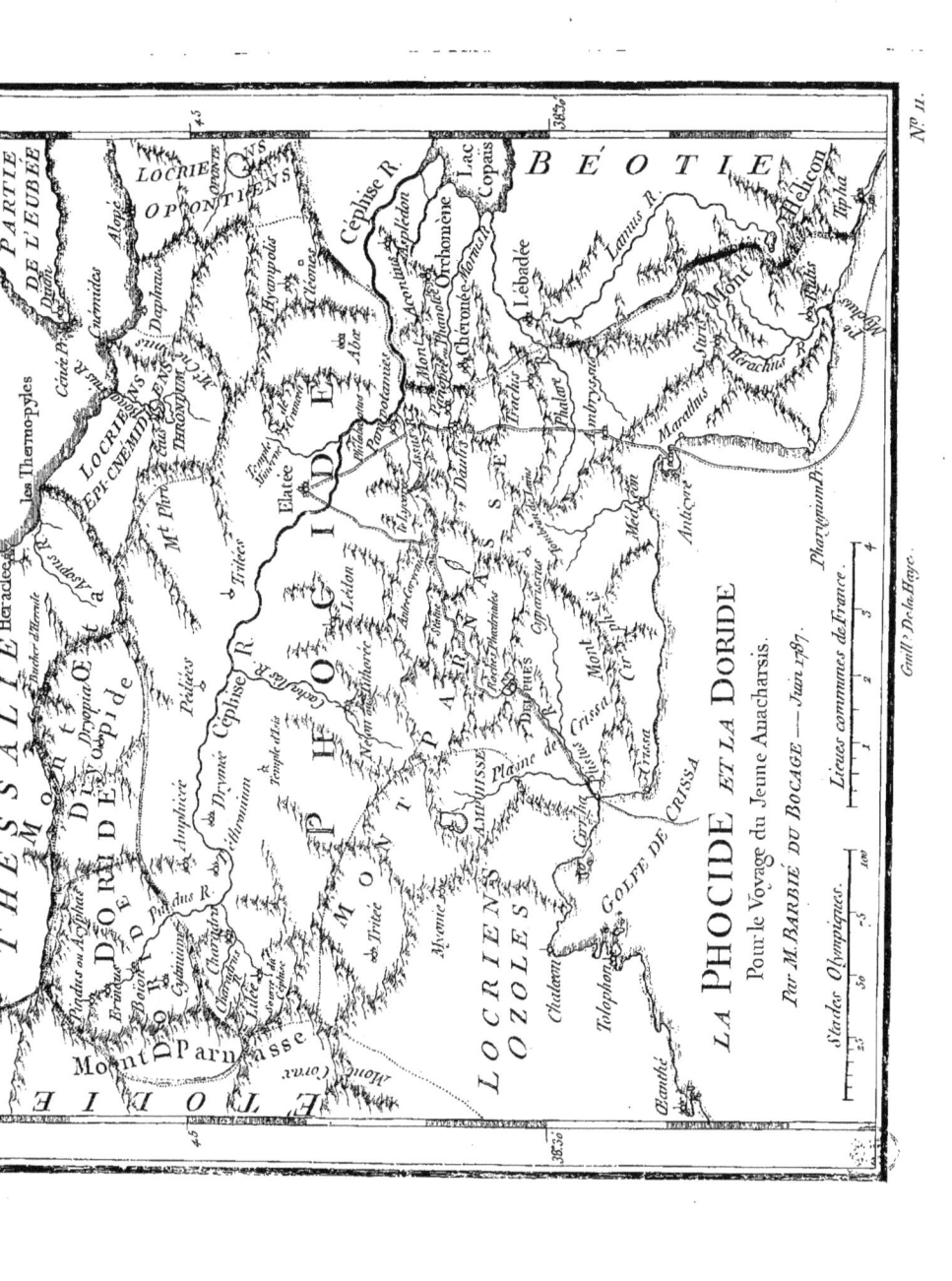

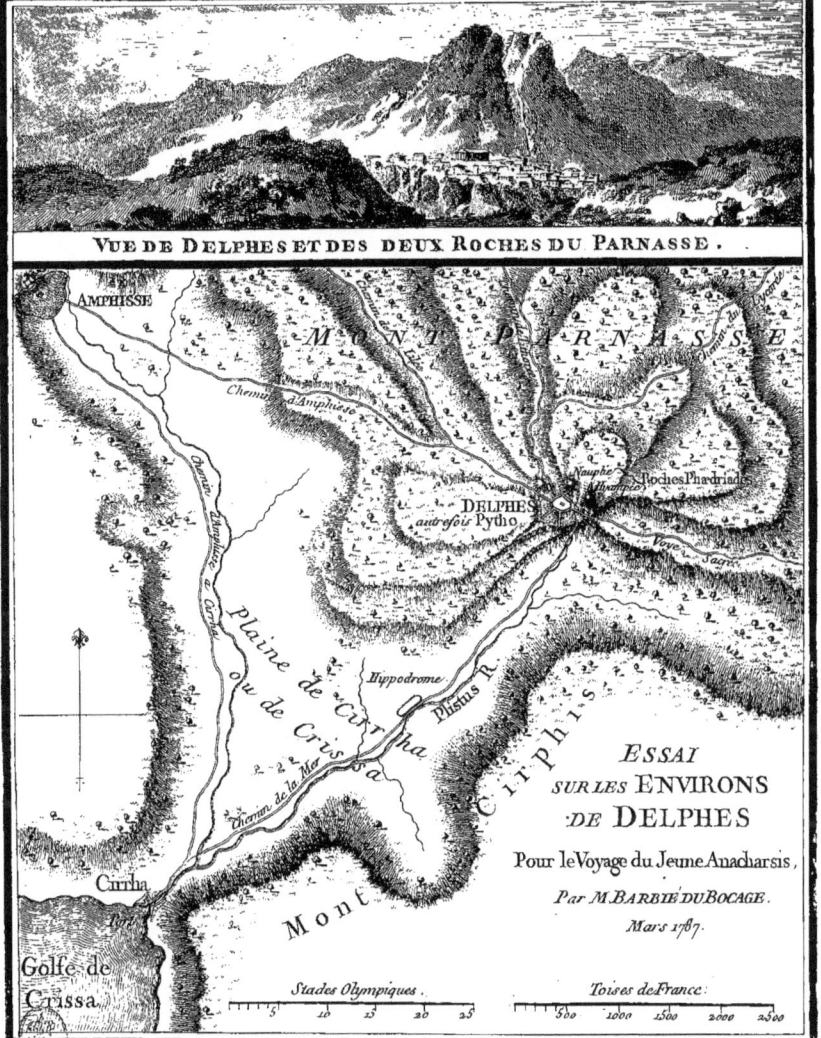

Voyage, Chap. XXV.   *in 4.º Tome II. p.55. in 8.º Tome II. p.502.*

PLAN D'UNE MAISON GRECQUE
d'après VITRUVE.

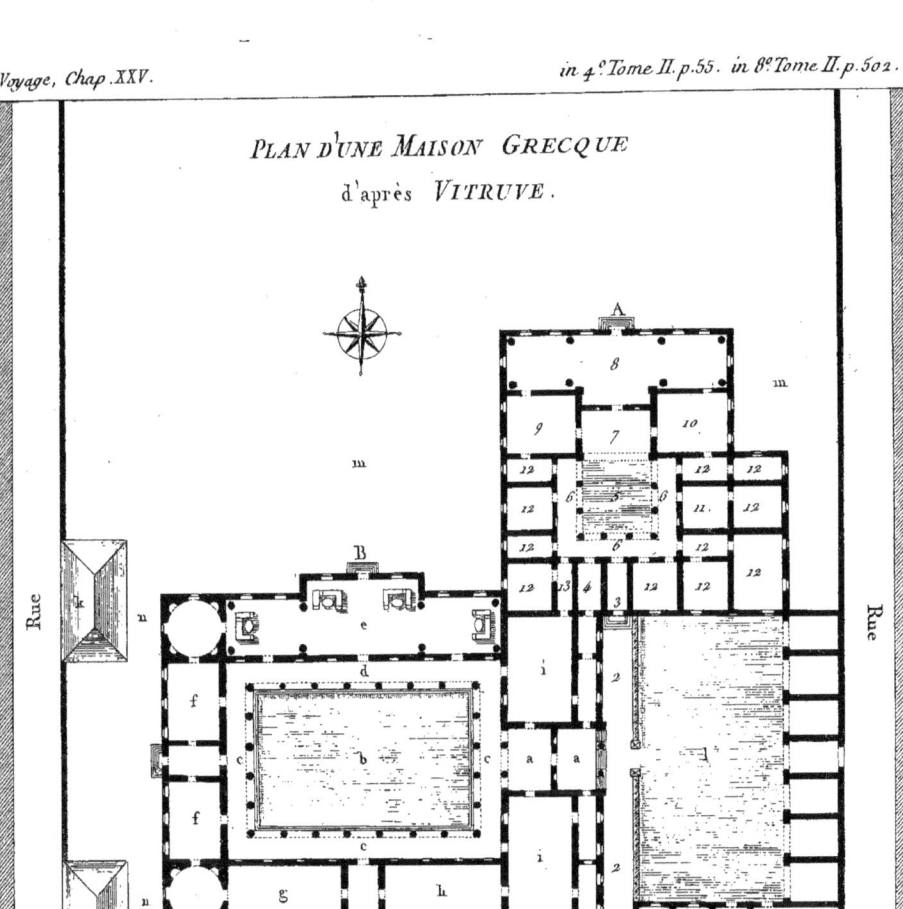

A. Appartement de la Femme.
1. Entrée ou Première Porte sur la Voye publique.
2. Allée appellée par Vitruve Iter.
3. Seconde Porte ou Porte intérieure.
4. Loges des Portiers.
5. Peristyle.
6. Portiques.
7. Vestibule.
8. Salles de Travail.
9. Chambre du Lit ou Thalamus.
10. Chambre des Visites ou Amphithalamus.
11. Salle à Manger.
12. Chambres pour le Service et les Domestiques.
13. Communication entre l'Appartement de la Femme et celui du Mari.

B. Appartement du Mari.
a. Vestibules.
b. Grand Peristyle.
c. Portiques.
d. Portique Rhodien.
e. Salle de Festin.
f. Bibliotheques.
g. Galerie de Tableaux.
h. Salle à Manger.
i. Salles d'Audience et de Conversation.
k. Logemens pour les Hôtes.
l. Ecuries et Basse-cour.
m. Jardin.
n. Allées appellées Mesaulæ.

Dessiné par M. Foucherot, d'après le Croquis de M. Mariette.   *Gravé par Sellier.*

Nº 13.

Voyage, Chap. XXXIV.

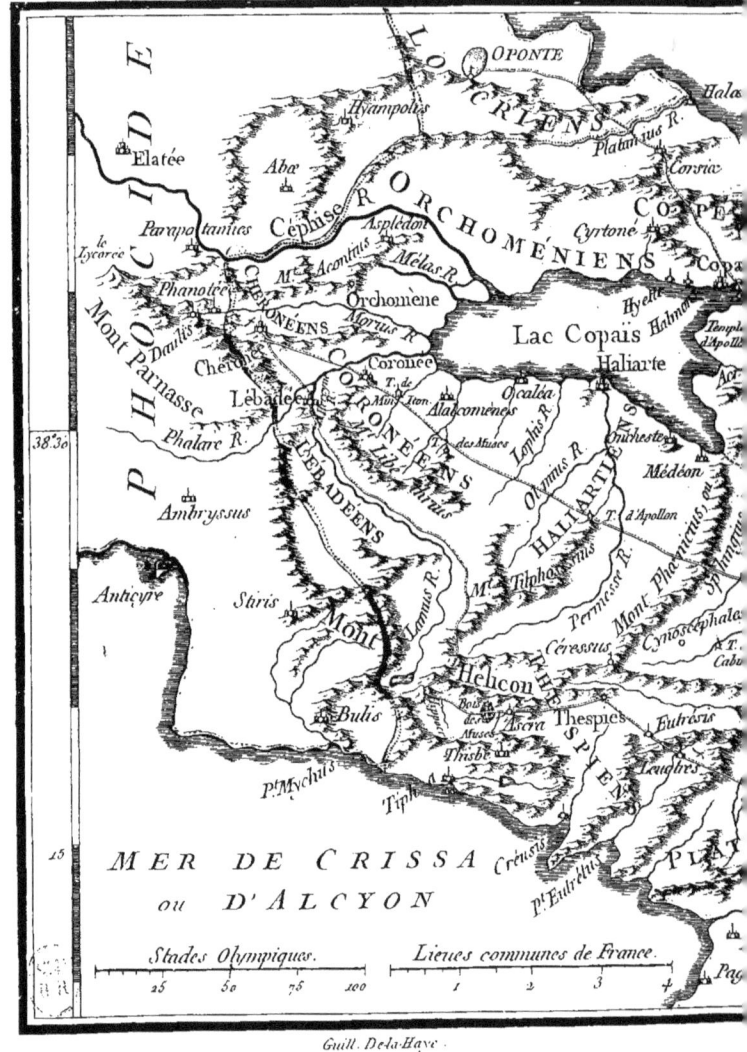

Guill. De la Haye.

Voyage, Chap. XXXV.

Voyage, Chap. XXXVII.

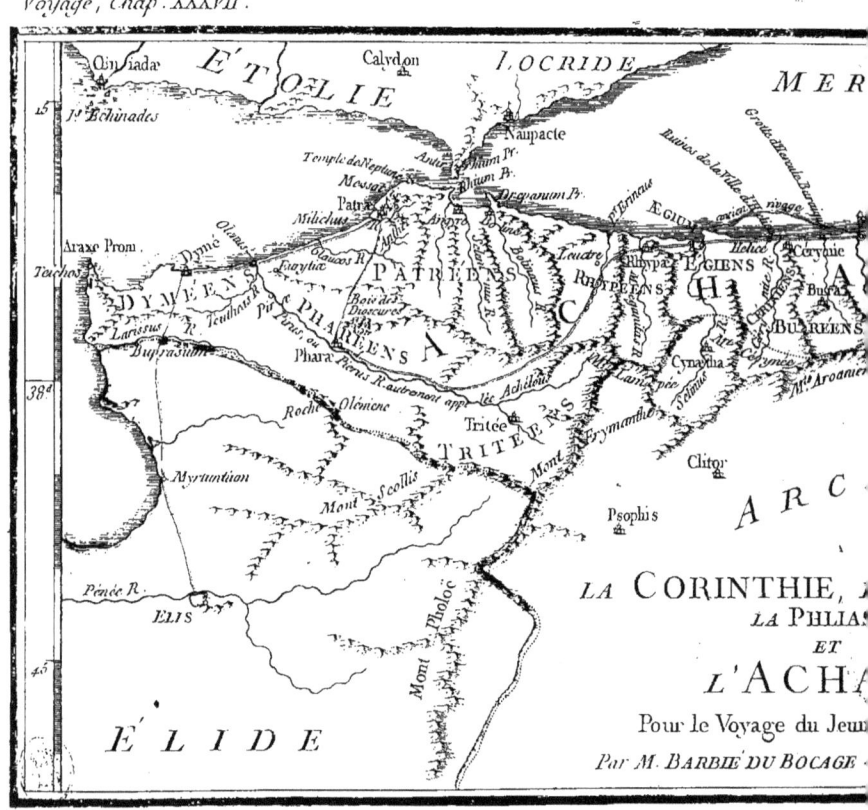

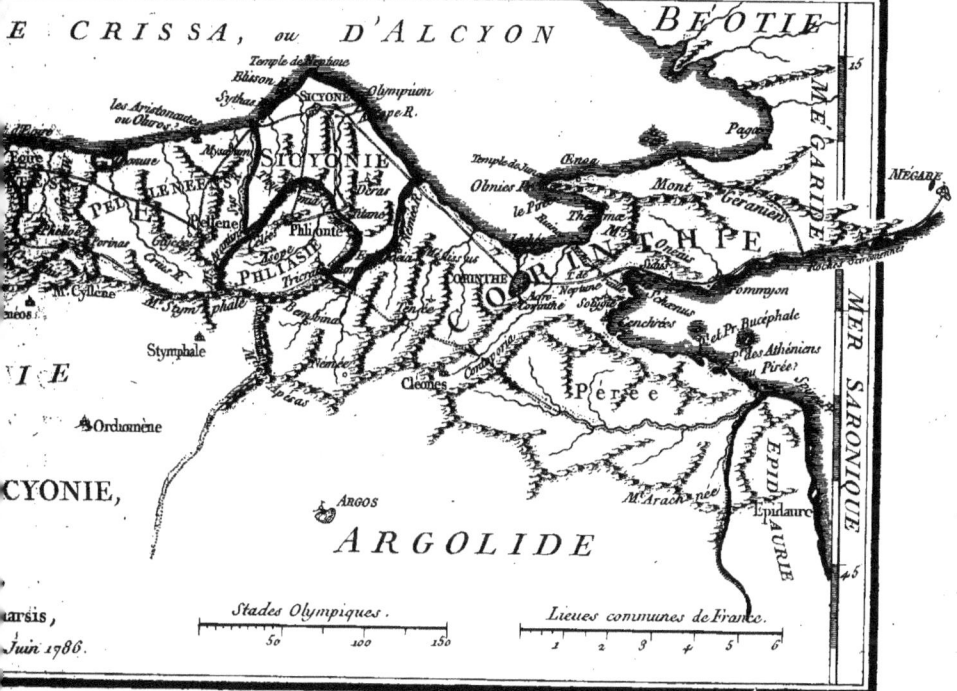

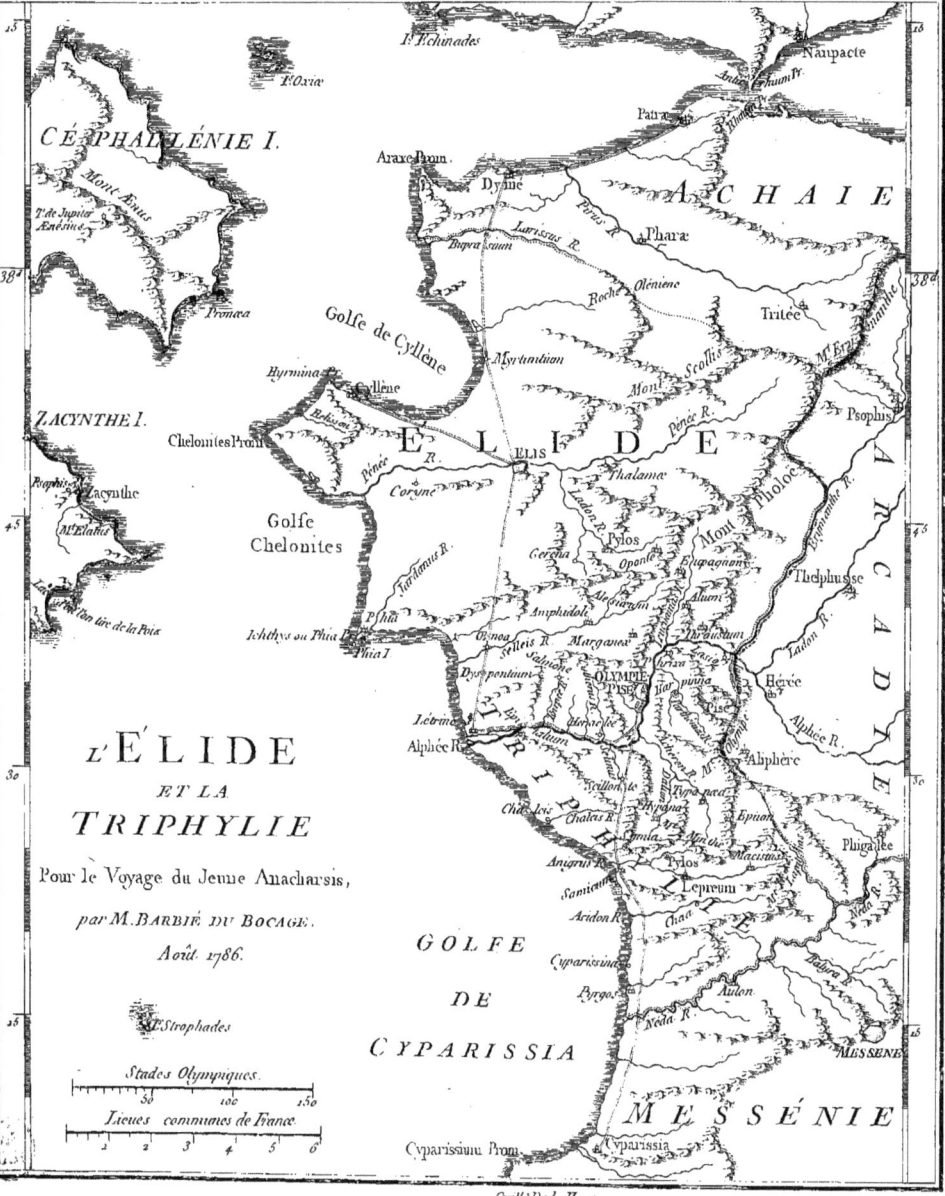

Voyage, Chap. XXXVIII.

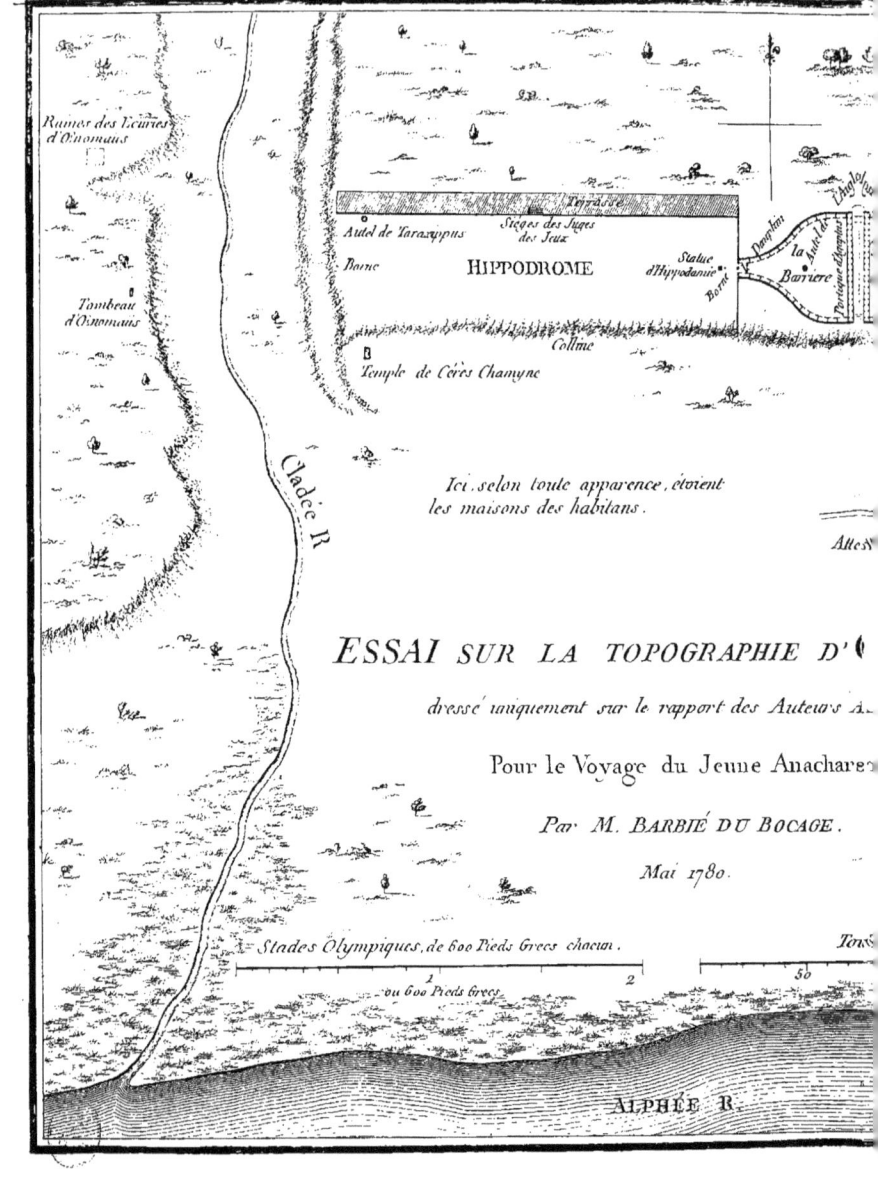

in 4º Tome II. p. 304. in 8º Tome III. p. 477.

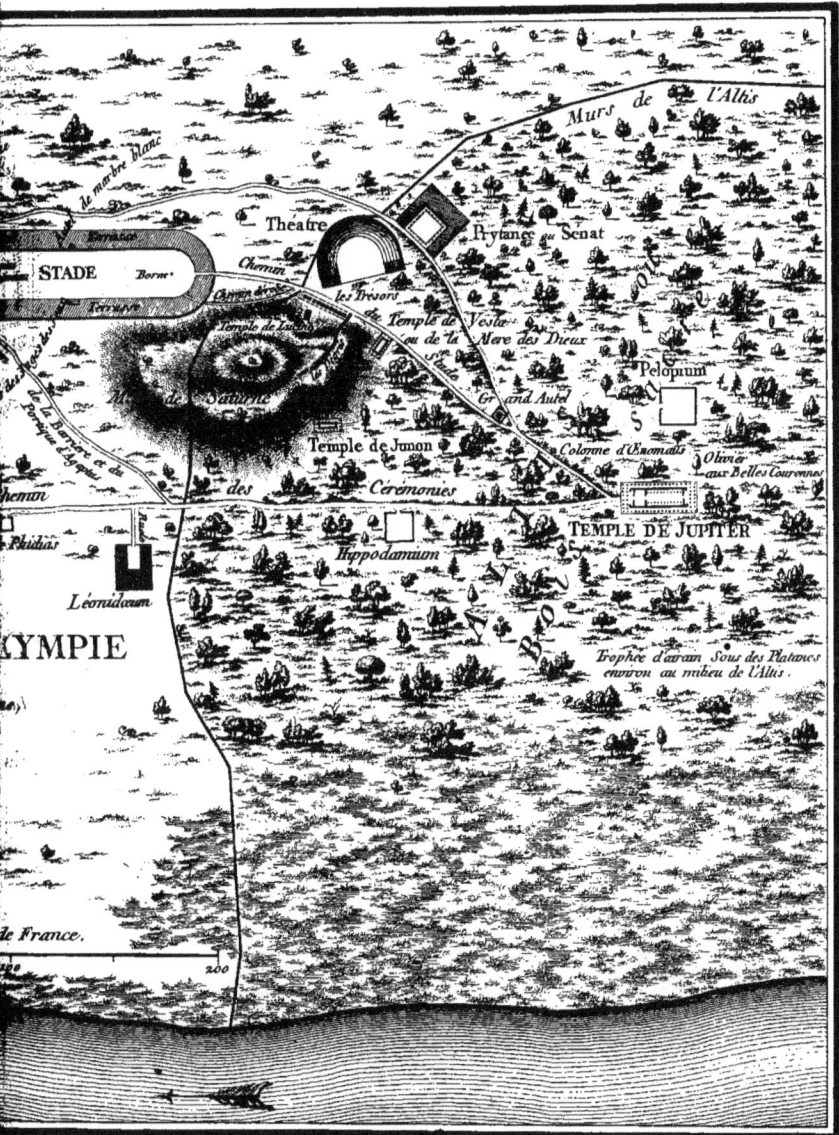

Guill. De la Haye. Nº 18.

Voyage, Chap. XL.

GOLFE DE CYPARISSIA

Strophades I.

Scillonte
Samicum
Pyrgos
Cyparissium Prom.
Cyparissia
Cyparisseis
Erana
Platamodes
Sela R.
Mt. Buphras
Mt. Ægaleo
Proté I.
Pylos
Sphactérie ou Sphagie I.
le Port
Mothoni
Œnusses I.

LA **MESSÉNIE**

Pour le Voyage du Jeune Anacharsis.

Par M. BARBIÉ DU BOCAGE.

Janvier 1786.

Stades Olympiques.

Lieues communes de France.

in 4º Tome II. p. 449. in 8º Tome IV. p. 26.

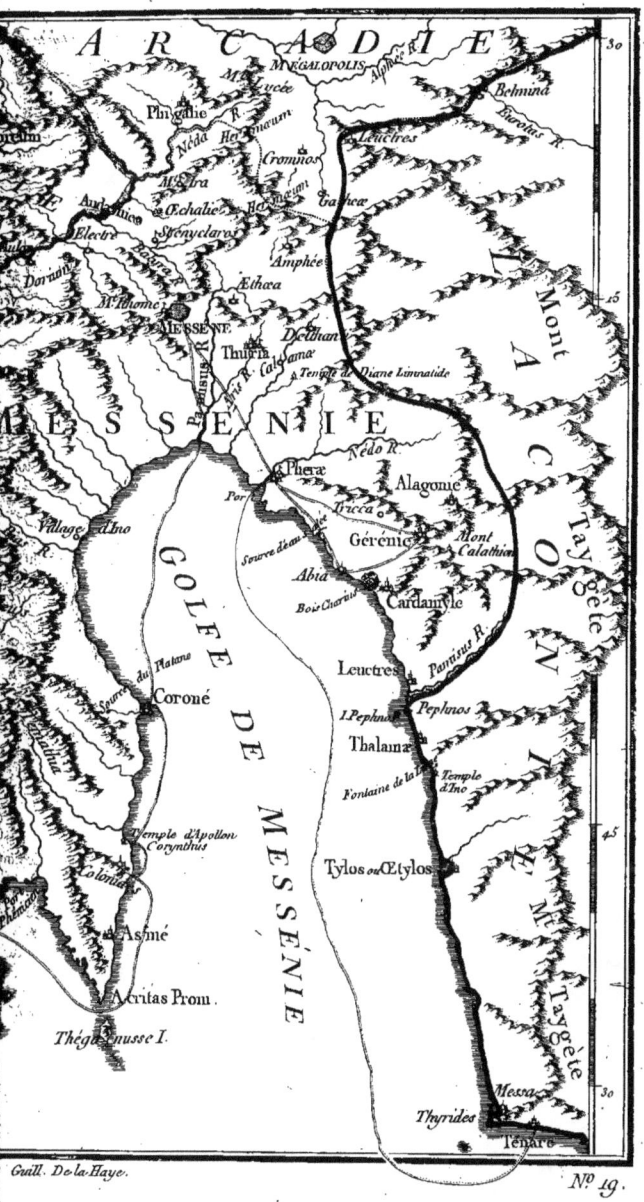

Guill. De la Haye. Nº 19.

Voyage, Chap. XLI.   in 4.º Tome II. p. 481. in 8.º Tome IV. p. 73.

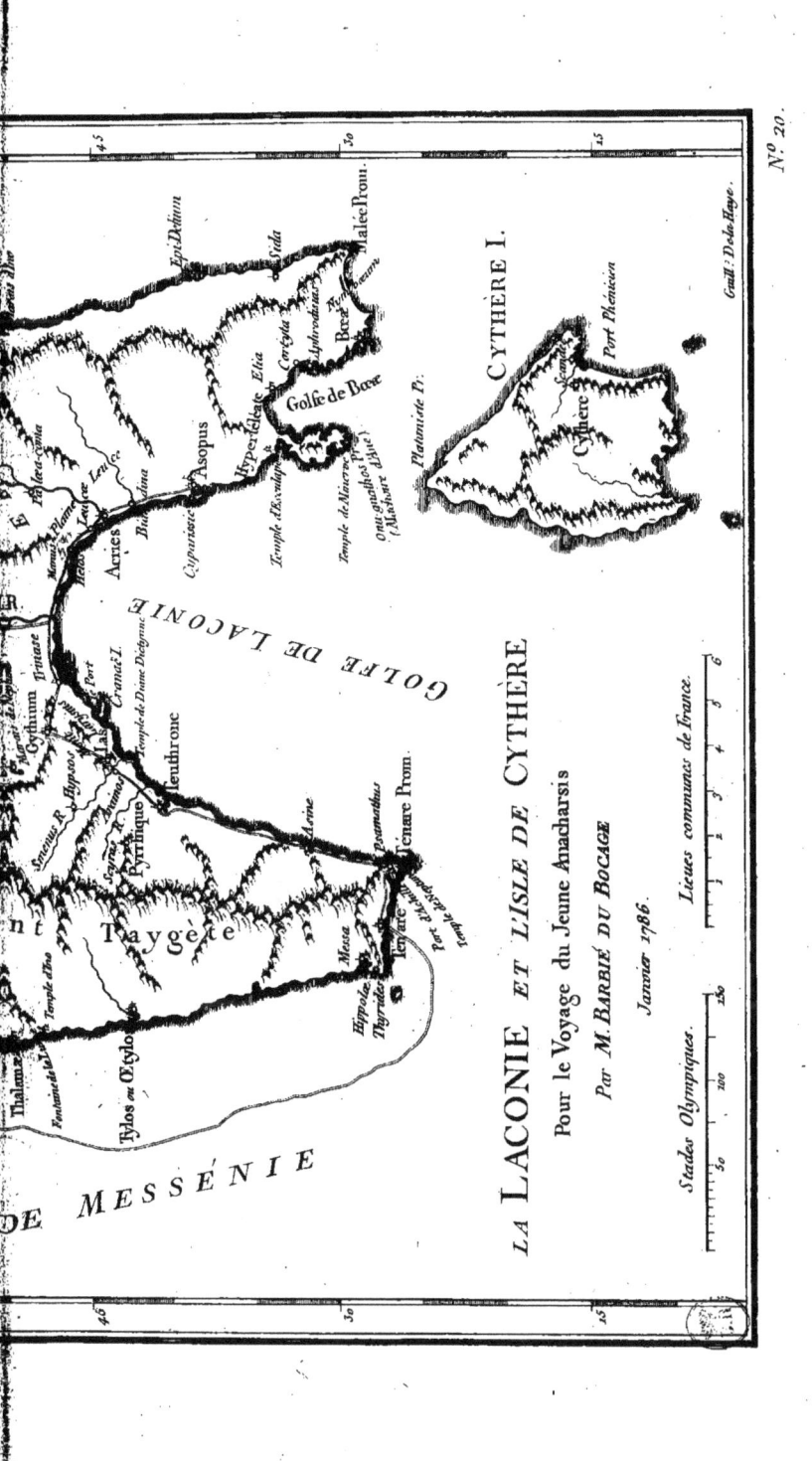

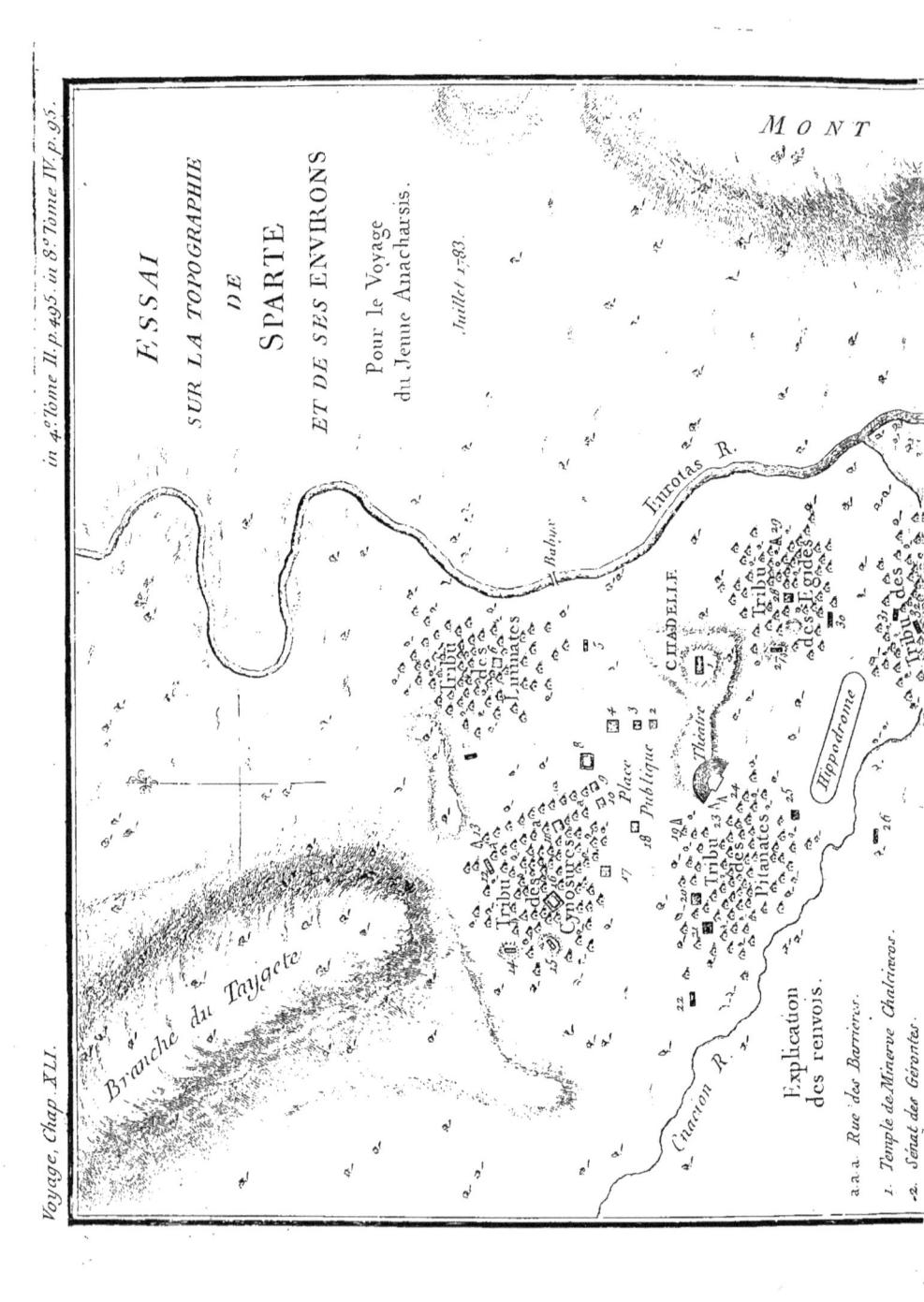

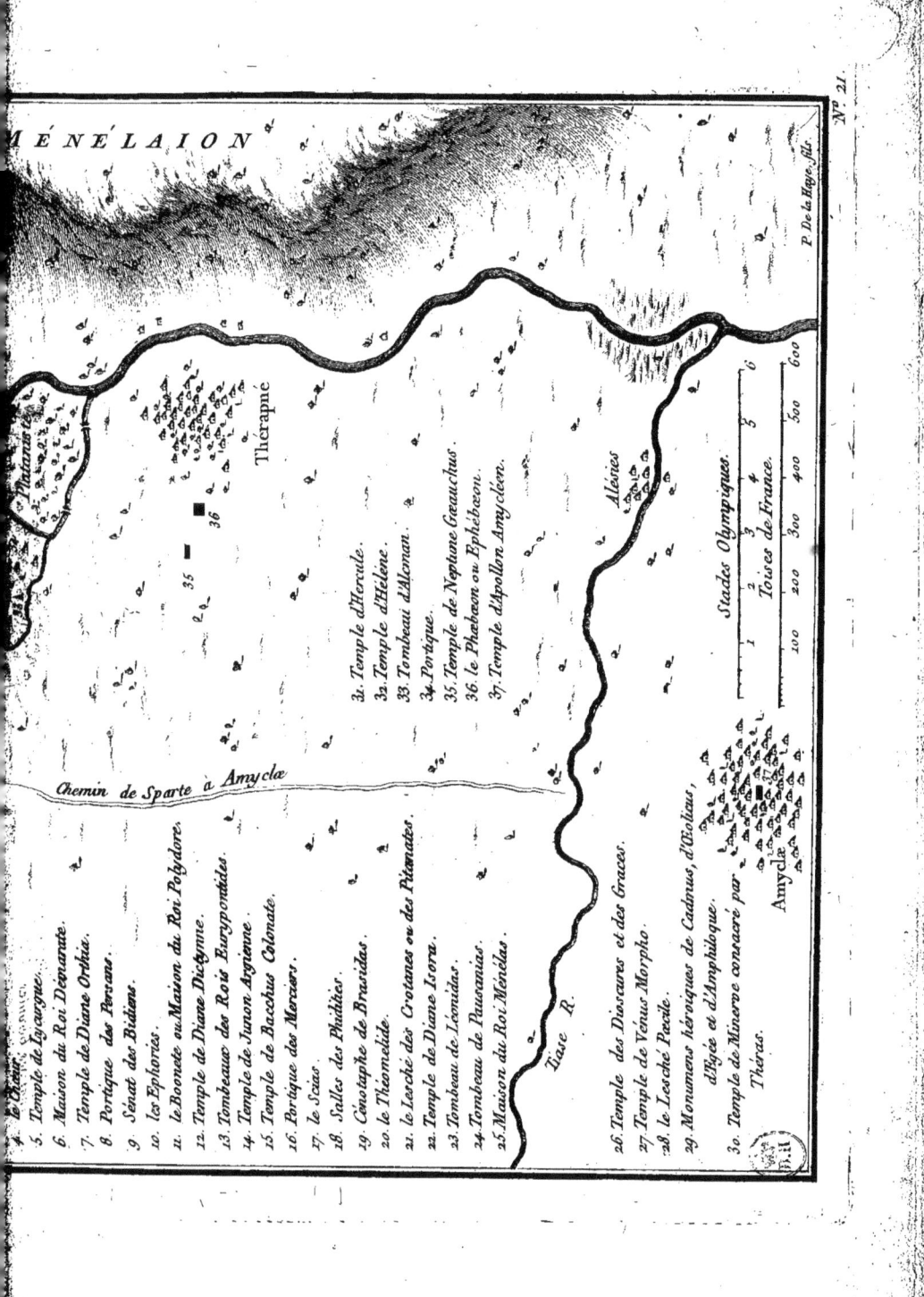

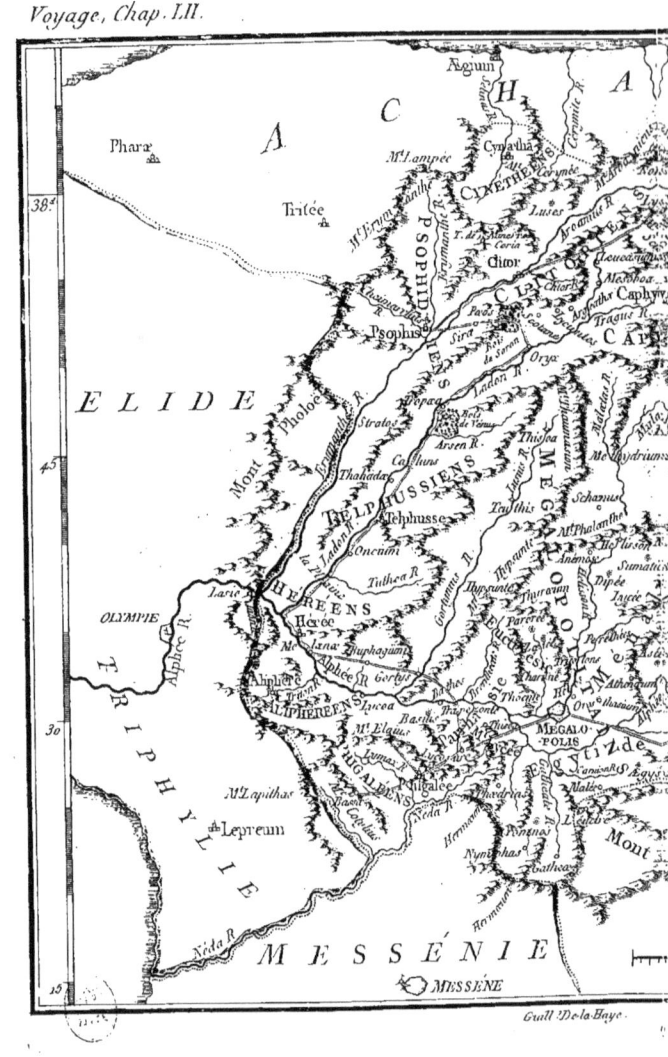

Voyage, Chap. LII.

Voyage, Chap. LIII.

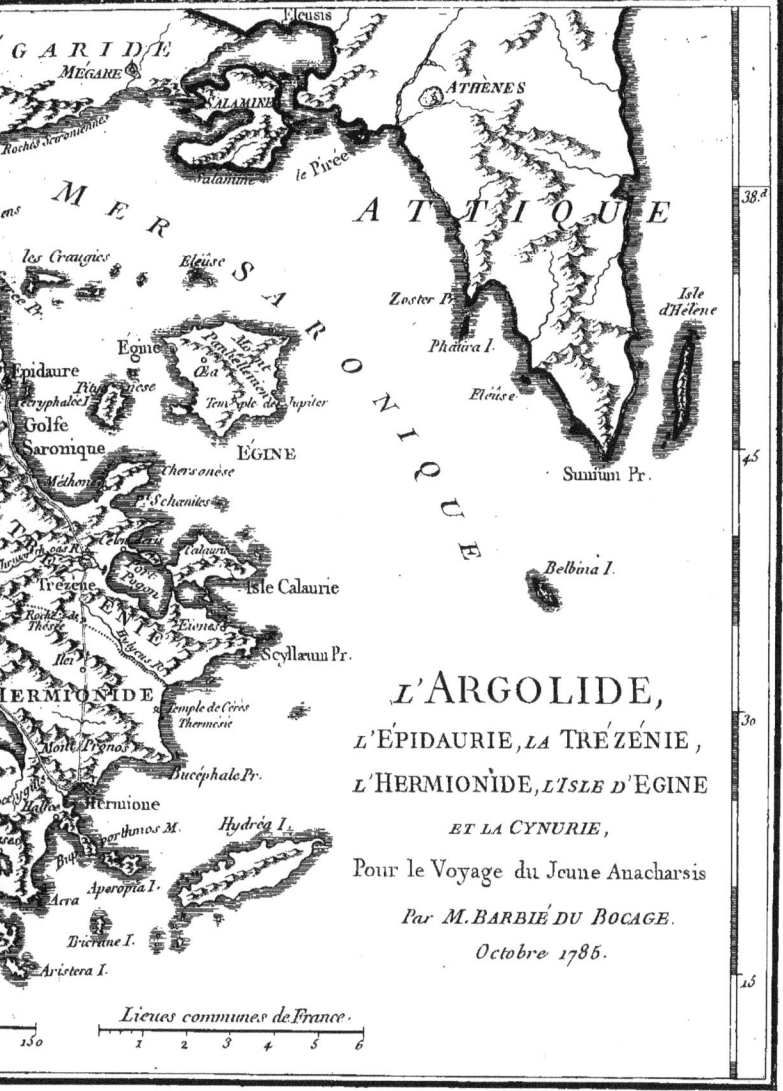

Voyage, Chap. LIX.

PLATON SUR LE CAP SUNIUM

in 4º Tome III. p. 213. in 8º Tome V. p. 46.

Nº 24.

U MILIEU DE SES DISCIPLES

Voyage, Chap. LXX. in 4.º Tome IV. p. 1. in 8.º Tome VI. p. 67.

ANCIEN THÉÂTRE GREC.

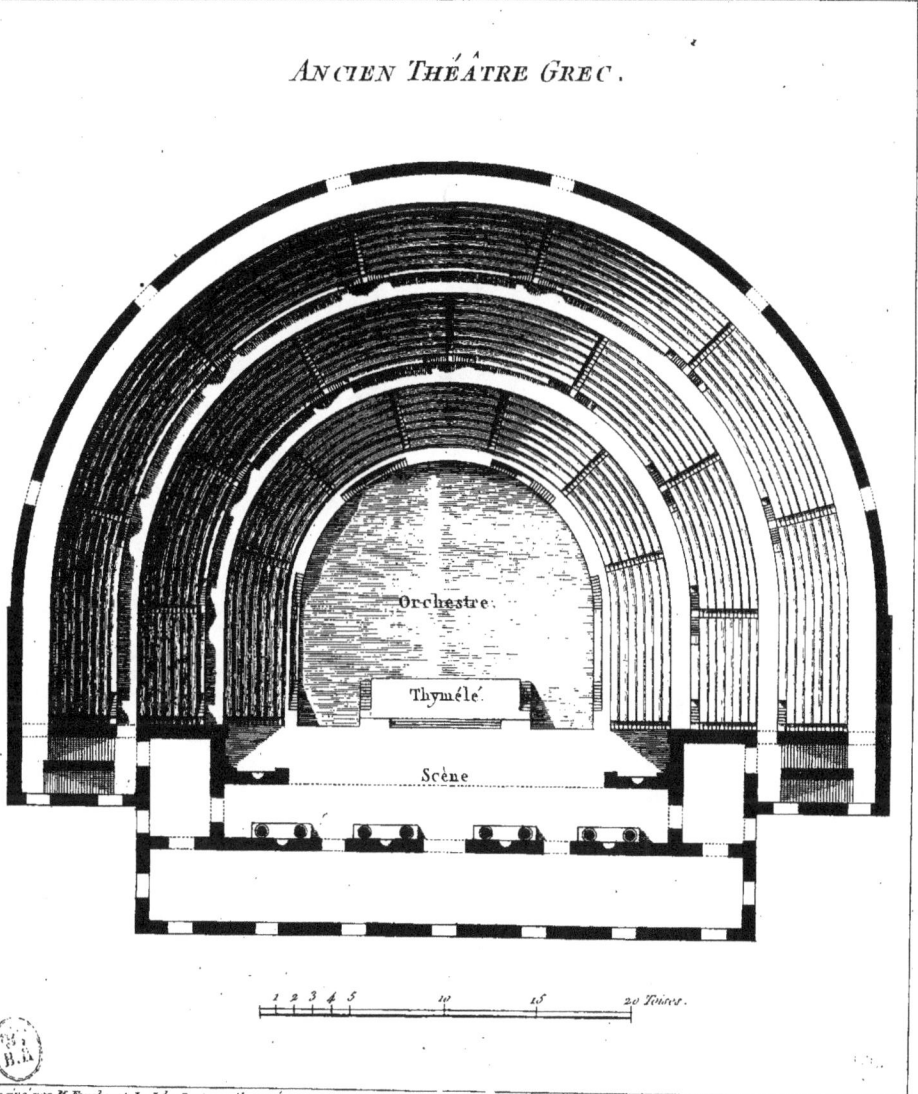

Dessiné par M. Foucherot, Ing.ʳ des Ponts et Chaussées. Gravé par Sellier.

N.º 25

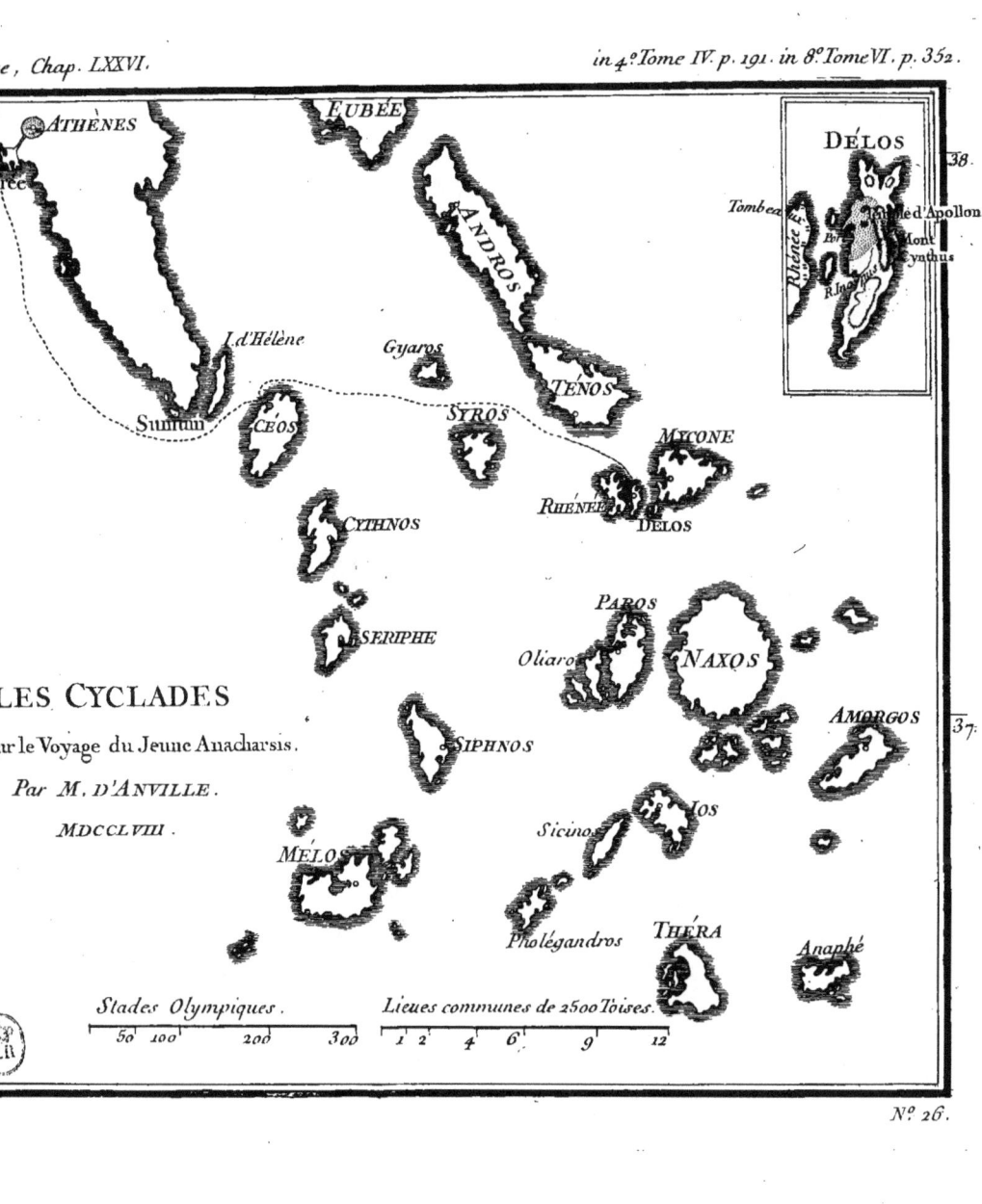

MÉDAILLES tirées du Cabinet du Roi,
pour le Voyage du Jeune Anacharsis.

N.° 1.

N.° 2.

N.° 3.

N.° 4.

N.° 1. *Médaille d'Athènes, où l'on voit la Grotte de Pan, l'Escalier qui menoit à la Citadelle, et quelques Monuments consacrés à Minerve. Voyez le Chapitre XII du Voyage.*

N.° 2. *Médaille d'Arcadie, Le Dieu Pan assis sur le Mont Olympe dont le nom est indiqué par les lettres ΟΛΥΜ. Chapitre LII.*

N.° 3. *Médaille de Cnide, La Vénus de Praxitèle. Chap. LXXII. Le même Sujet est représenté sur une Pierre Gravée du Cabinet de Mgr le Duc d'Orléans. Voyez la Description de ce Cabinet, Tom. I. Pl. XXXI. Page 135.*

N.° 4. *Médaille de Samos. Le Temple et la Statue de Junon. Sur les Marches du Vestibule une Caisse ou un Vase d'où s'elève un Arbrisseau. On a voulu figurer l'Agnus-Castus. Chapitre LXXIV.*

N.° 27 et dernier.

www.ingramcontent.com/pod-product-compliance
Lightning Source LLC
Chambersburg PA
CBHW060140100426
42744CB00007B/842